엄마랑 놀면 우리 아이 영어 우등생!

엄마랑 영어 놀이

초판 인쇄일 2016년 5월 23일
초판 발행일 2016년 5월 30일

글 이미경
그림 진혜민
발행인 박정모
등록번호 제9-295호
발행처 도서출판 혜지원
주소 (10881) 경기도 파주시 회동길 445-4(문발동 638) 302호
전화 031) 955-9221~5 **팩스** 031) 955-9220
홈페이지 www.hyejiwon.co.kr

기획·진행 김형진
표지 디자인 김보라
본문 디자인 김보라, 김성혜
영업마케팅 김남권, 황대일, 서지영
ISBN 978-89-8379-892-3
정가 14,800원

Copyright © 2016 by 이미경, 진혜민 All rights reserved.
No Part of this book may be reproduced or transmitted in any form,
by any means without the prior written permission on the publisher.
이 책은 저작권법에 의해 보호를 받는 저작물이므로 어떠한 형태의 무단 전재나 복제도 금합니다.
본문 중에 인용한 제품명은 각 개발사의 등록상표이며, 특허법과 저작권법 등에 의해 보호를 받고 있습니다.

―――

이 도서의 국립중앙도서관 출판시도서목록(CIP)은 서지정보유통지원시스템 홈페이지(http://seoji.nl.go.kr)와
국가자료공동목록시스템(http://www.nl.go.kr/kolisnet)에서 이용하실 수 있습니다.(CIP제어번호: CIP2016010327)

엄마랑 놀면 우리 아이 영어 우등생!

엄마랑 영어 놀이

혜지원

머리말

이 책은 지극히 개인적이고 은밀한 책입니다. 제 딸과 함께 하고 싶은 활동들을 모아서 만든 책이고, 책에 담긴 내용 대부분이 저와 6살 딸아이의 평소 대화이기 때문입니다. 책을 처음 집필할 때는 최대한 나를 드러내지 말고 객관적이고 보편적으로 쓰겠다고 다짐했지만, 역시 불가능한 일이었습니다. 책을 통해 드러나는 나의 일상이 부끄럽기도 하지만, 한편으로는 독자들께서 나와 딸의 모습을 공감하시고 이 책을 쉽고 편안하게 활용해주시기를 기대합니다.

시작은 보통 엄마들과 다르지 않았습니다. 엄마들 대부분 우리 학교 다닐 때처럼 아이들이 영어를 어렵게 배우지 않았으면 하는 바람이나, 나중에 아이가 영어 때문에 곤란한 일을 겪지 않았으면 하는 바람에서 영어 교육을 시작합니다. 저도 오랫동안 영어를 공부했지만 좀 더 일찍 영어를 접했다면 좋았을 거라는 아쉬움이 늘 있어서 결심했습니다. 영어 교육을 시작하기로. 그런데 영어 교육, 도대체 어디서부터 시작해야 할까요?

첫 아이였고, 유아 영어에 대해서는 잘 몰랐기 때문에 인터넷과 책을 뒤졌습니다. 효과가 있다고 공통적으로 말하는 것이 그림책과 DVD 보기, 그리고 CD 듣기. 아이의 말문이 트이기 전까지 아주 열심히는 아니더라도 영어를 읽어주고 들려주려고 노력했습니다. 아이뿐 아니라 저에게도 좋은 시간이었습니다. 화려한 디자인과 색, 귀엽고 앙증맞은 단어와 표현이 가득한 사랑스러운 책들을 보면서 아이와 이야기도 많이 하고 웃기도 많이 했습니다.

그런데 아이의 말문이 트이기 시작하면서부터 고민이 생겼습니다. '하루에 한두 시간 영어를 접하는 것만으로 충분할까?', '이 녀석이 의사 표시가 가능해지더니 흥미가 없는 책은 보려고도 하지 않네.' 그 뒤로 항상은 아니지만 아이에게 영어로 말하기 시작했습니다. 일상생활에서 더 자주, 더 많이 영어를 접하게 하기 위함이었습니다. 저도 한국어와 영어를 모두 말할 수 있는 바이링구얼이 아니기 때문에 물론 모르는 것은 찾아보고 공부하면서 이야기해주었습니다.

이제는 어느 정도 책과 일상생활이 영어로 연결됐습니다. 그런데 어느날은 이 녀석이 영어로 말했더니 한국어로 말해달라고 화를 냈습니다. 나름대로 노력을 한다고 했는데 섭섭하기도 하고 좌절감이 느껴지기도 했습니다. 휴, 영어 정말 만만치 않네요. 그래서 생각한 것이 놀이였습니다. 오늘 영어로 말했던 것을 놀이를 통해 반복하고, 밤에 자기 전에는 놀이와 관련된 책을 읽어주면 되겠다는 생각이었습니다. 어차피 영어가 모국어가 아닌 환경에서 아이에게 영어를 가장 많이 접하게 하는 방법은, 책, 일상생활, 놀이를 모두 결합하는 것입니다. 그래서 이 책을 쓰게 되었습니다.

일상생활에서 엄마와 아이가 가장 많이 접하게 되는 상황을 토대로 대화와 놀이를 꾸며서 이 책에 담았습니다. 물론 모든 상황을 담지는 못했습니다. 부족한 부분은 앞으로 더 채워갈 테니 좋은 의견과 아이디어 공유해주세요. 그리고 영어를 전공하지 않은 엄마들도 쉽게 따라할 수 있도록 쉽고 자연스러운 영어를 쓰려고 노력했습니다. 놀이를 하면서 엄마가 아이에게 직접 영어로 이야기하면 가장 좋겠지만, 어려운 경우 CD를 틀어놓고 진행해도 괜찮습니다. 걱정 말고 할 수 있는 것부터 오늘 바로 시작해보세요.

이 책이 나오기까지 도움을 주신 모든 분들께 감사드립니다. 먼저 이 책을 만들 수 있도록 동기가 되어준 우리 딸, 고맙고 사랑합니다. 예쁜 그림을 그려주신 진혜민 선생님께도 감사의 마음을 전합니다. 긴 작업 시간 동안 애 많이 쓰셨고, 선생님의 귀여운 그림 덕분에 독자들께서 지루하지 않게 이 책을 활용할 수 있을 것 같습니다. 그리고 항상 저의 부족한 영문을 채워주시는 최지연님께도 감사드리며, 어떻게 보면 실험적인 이 책이 나올 수 있도록 기회를 주신 도서출판 혜지원에도 감사드립니다. 마지막으로 엄마표 영어 교육을 위해 이 책을 선택하신 모든 독자님들, 감사합니다. 오늘도 아이들 키우느라 고생하셨습니다!

이미경 드림

이 책의 구성

Unit 01 It's Dinner Time! 저녁 먹자!

즐거운 식사 시간입니다. 엄마는 늘 한이가 몸에 좋은 음식을 골고루 먹길 바라지만 이런 엄마의 마음을 아는지 모르는지 한이는 어떨 땐 밥 먹는 것 자체를 너무 싫어하기도 하고, 너무 적게 먹기도 하고, 또 좋아하는 반찬만 골라 먹기도 합니다. 아이들을 이해시키긴 어렵겠지만 좋은 식습관을 가질 수 있도록 인내심을 가지고 설득해보는 건 어떨까요?

엄마랑 대화하기 MP3 01-01

한아, 저녁 다 됐다.	Dinner is ready, Han.
아직 배 안 고파요.	I'm not hungry yet.
아빠가 밥 같이 먹고 싶어해.	Daddy wants to eat with you.
알았어요, 가요.	Okay, I'm coming.
손 씻었니?	Did you wash your hands?
네, 엄마가 백 번도 넘게 말씀하셨잖아요.	Yes, you told me more than a hundred times.

• more than ~보다 많은   • a hundred times 백 번

함께 읽으면 좋은 그림책

Lunch by Denise Fleming   권장 연령: 4~7세

배고픈 생쥐가 채소와 과일을 먹기 시작합니다. 채소와 과일을 하나씩 먹을 때마다 회색이었던 생쥐의 몸에 색이 더해지고 배는 점점 더 불룩해집니다. 단순한 내용이지만 아이들은 이 책을 통해 turnip (순무), carrot (당근), grapes (포도)와 같은 채소와 과일의 이름, crisp (아삭한), sweet (달콤한), tender (부드러운)와 같은 식감과 맛, 그리고 white, orange, yellow와 같은 색을 익힐 수 있습니다.

오늘의 주제

본격적인 대화로 들어가기 전에 오늘의 주제를 확인하세요. 그림을 보면서 어떤 대화와 놀이가 이어질지도 예측해보세요.

엄마랑 대화하기

본격적으로 대화를 나누기 전에 엄마와 아이가 주고받는 짧은 대화입니다. 대화 내용은 원어민 음성으로 확인하고, 이 부분 만큼은 꼭 영어로 말하려고 노력해보세요.

그림책 제목

함께 읽으면 좋은 그림책

오늘의 주제와 관련된 그림책입니다. 대화를 시작하기 전에 한 번, 놀이를 끝내고 나서 다시 한 번 읽어보세요. 주제를 쉽게 파악할 수 있고 오늘 배운 내용을 정리하는 데 도움이 됩니다.

음원 파일명

MP3 01-02

놀이하며 대화하기

식사 준비를 마쳤다면 본격적으로 대화를 나눠볼까요? 놀이를 통해 대화를 익히고 기억해두었다가 실제 식사 시간에 사용해보세요. 놀이 재료들은 133페이지에서 미리 오리고 색칠해서 준비해주세요.

놀이 순서  놀이 재료 식탁 위에 숟가락과 젓가락을 놓아주세요. MP3 01-02

 아, 숟가락이랑 젓가락 놓는 걸 깜빡 했네.
Oh, I forgot to put spoons and chopsticks on the table.

도와드릴까요, 엄마?
Want me to help you, Mom?

응. 젓가락을 숟가락 오른쪽에 놔줘.
Yes, please place the chopsticks on the right side of the spoon.

이렇게요?
Like this?

응. 아주 잘했구나.
Yes, you did very well.

자, 먹자!
Okay, let's dig in!

우리 아들, 혼자 밥 먹을 수 있지?
Honey, you can eat by yourself, right?

그럼요. 그런데 젓가락질은 아직 잘 못해요.
Of course. But I'm not good at using the chopsticks yet.

- chopsticks 젓가락
- on the right side of ~의 오른쪽에
- dig in 먹어라
- by oneself 혼자서, 스스로
- be good at ~을 잘 하다

014 Chapter 01. 일상생활

놀이하며 대화하기

책의 구성 중 가장 큰 비중을 차지하는 부분입니다. 놀이 재료를 미리 준비하고, 아이와 함께 놀이를 하면서 대화를 나눠보세요. 영어로 말하면서 놀이를 하기 어려운 경우 원어민 음성을 틀어 놓고 진행하셔도 됩니다.

주요 단어 정리

Of course. Bu
- chopsticks 젓가락
- be good at ~을 잘 하다

아, 숟가락이
Oh, I for

도와드릴까요
Wan

대화 아이콘

Mom's English Playground

그림 카드

'놀이하며 대화하기'에 나왔던 내용 중 가장 핵심이 되는 문장 6개를 골라서 카드에 담았습니다. 내용을 쉽게 인식할 수 있도록 그림과 함께 제시했으니 카드를 보면서 오늘 배웠던 내용을 다시 떠올려보고, 집안 구석구석 잘 보이는 곳에 붙여두고 영어로 이야기하세요.

Unit 03 — Good Night, Sweetie.
잘 자라, 우리 아가.

놀이 재료 준비

잠 잘 때
1. 여자 인형과 남자 인형 중 원하는 것을 선택합니다.
2. 선택한 아이 인형과 엄마 인형을 받침대에 세웁니다.
3. 아이 인형에게 잠옷을 입히고, 잠자기 전에 하는 활동들을 합니다. (세수, 양치질, 책 읽기 등)
4. 아이 인형을 침대에 눕히고, 이불을 덮고, 자장가를 불러줍니다.

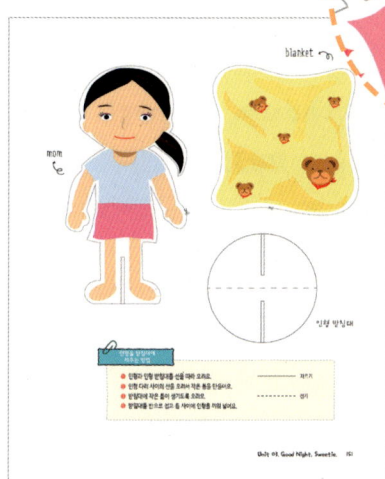

놀이 재료

대화를 나누면서 사용하는 놀이 재료입니다. 대화의 내용과 흐름에 맞게 재료를 준비했으니 적극 활용해주세요. 놀이 재료로 활용한 다음에는 단어 카드로도 사용할 수 있으니 버리지 말고 잘 보관하세요.

Mom'n English Playground

목차

CHAPTER 01 일상생활
- Unit 01 **It's Dinner Time!** 저녁 먹자! ---- 13
- Unit 02 **Brushing Teeth Is Fun.** 이 닦는 건 즐거워. ---- 19
- Unit 03 **Good Night, Sweetie.** 잘 자라, 우리 아가. ---- 25

CHAPTER 02 바깥 놀이
- Unit 04 **On the Playground** 놀이터에서 ---- 33
- Unit 05 **Riding a Bike** 자전거 타기 ---- 39
- Unit 06 **Going for a Walk** 산책하기 ---- 45

CHAPTER 03 역할 놀이
- Unit 07 **Let's Play Doctor.** 병원 놀이해요. ---- 53
- Unit 08 **I Love Cars!** 내 사랑, 자동차! ---- 59
- Unit 09 **Peekaboo!** 까꿍! ---- 65

CHAPTER 04 미술 놀이
- Unit 10 **Happy Halloween** 즐거운 핼러윈 ---- 73
- Unit 11 **I Want to Be a Princess.** 공주가 되고 싶어요. ---- 79
- Unit 12 **Vincent van Gogh** 빈센트 반 고흐 ---- 85

CHAPTER 05 요리하기
- Unit 13 **Happy Birthday, Daddy!** 아빠, 생일 축하해요! ---- 93
- Unit 14 **Yummy Rice Balls** 맛있는 주먹밥 ---- 99
- Unit 15 **Homemade Lemonade** 집에서 만든 레모네이드 ---- 105

CHAPTER 06 과학 놀이
- Unit 16 **From Caterpillar to Butterfly** 애벌레에서 나비로 ---- 113
- Unit 17 **The Moon** 달 ---- 119
- Unit 18 **How to Save the Earth** 지구를 지키는 방법 ---- 125

등장인물

① 엄마 (Mom)

늘 아이의 입장에서 아이를 이해해주는 천사표지만
가끔 욱하기도 하는 보통 엄마.

30대 중반으로, 결혼하고 아이를 낳기 전까지 직장 생활을 하다가 출산과 동시에 전업주부로 살아가고 있음. 가끔은 한없이 자유롭던 싱글 시절이 그립기도 하지만 날로 성장하는 아이를 보면서 행복을 느끼려고 노력함. 가끔은 노력하지 않아도 아이의 존재만으로 위로가 되고 행복을 느낌. 요즘 엄마의 관심사는 일상생활에서 놀이하듯 아이에게 세상살이를 알려주는 것.

② 수 (Sue)

커서 예쁜 공주가 되고 싶다는 귀여운 꼬마 공주님.

머리부터 발끝까지 핑크, 핑크! 엄마는 얼마 전, 지금 수가 입고 있는 빨간 원피스와 구두를 샀다가 큰 난리를 겪음. 핑크색이 없어서 차선책으로 선택한 것인데 이 정도로 심각할 줄 몰랐다는 엄마. "다음 번엔 꼭 핑크로 사주세요, 엄마!" 핑크 공주, 치마 마니아, 꾸미기 대장이지만 잔디밭에서 전력 질주하기, 구름 사다리 높이 오르기, 씽씽이 타고 쌩쌩 달리기를 좋아하는 유쾌한 소녀. 가끔은 엄마를 놀라게 할 정도로 관찰력이 뛰어나고 호기심이 많으며, 5살이 된 수가 요즘 가장 많이 하는 말은 "왜?!"

③ 한 (Han)

뭐든 굴러가는 것만 있으면 하루 종일 심심하지 않은 소년.

이 세상에서 자동차를 가장 좋아한다는 한이. 태어난 지 얼마 안 됐을 때부터 집에 굴러다니는 동그란 테이프를 이리저리 굴리기 시작하더니 5살 평생 모은 자동차 장난감이 커다란 상자로 5상자. 평소 무뚝뚝한 성격이지만 가끔 스케치북에 꽃과 나무를 섬세하게 그려서 엄마를 놀라게 하기도 하고, 가끔은 엄마랑 함께 하는 요리 시간이 가장 행복하다고 말하는 부드러운 남자. 또 가끔 엄마가 기운이 없을 땐 엄마를 그렸다면서 그림을 불쑥 내미는 센스쟁이.

Mom's
English
Playground

CHAPTER 01

일상생활

Unit 01 It's Dinner Time!
저녁 먹자! 식탁 차리기

Unit 02 Brushing Teeth Is Fun.
이 닦는 건 즐거워. 이 닦기

Unit 03 Good Night, Sweetie.
잘 자라, 우리 아가. 잘 준비하기

Unit 01 It's Dinner Time! 저녁 먹자!

즐거운 식사 시간입니다. 엄마는 늘 한이가 몸에 좋은 음식을 골고루 먹길 바라지만 이런 엄마의 마음을 아는지 모르는지 한이는 어떨 땐 밥 먹는 것 자체를 너무 싫어하기도 하고, 너무 적게 먹기도 하고, 또 좋아하는 반찬만 골라 먹기도 합니다. 아이들을 이해시키기 어렵겠지만 좋은 식습관을 가질 수 있도록 인내심을 가지고 설득해보는 건 어떨까요?

엄마랑 대화하기 MP3 01-01

한아, 저녁 다 됐다.	Dinner is ready, Han.
아직 배 안 고파요.	I'm not hungry yet.
아빠가 밥 같이 먹고 싶어해.	Daddy wants to eat with you.
알았어요, 가요.	Okay, I'm coming.
손 씻었니?	Did you wash your hands?
네, 엄마가 백 번도 넘게 말씀하셨잖아요.	Yes, you told me more than a hundred times.

• more than ~보다 많은 • a hundred times 백 번

함께 읽으면 좋은 그림책

Lunch by Denise Fleming   권장 연령 : 4~7세

배고픈 생쥐가 채소와 과일을 먹기 시작합니다. 채소와 과일을 하나씩 먹을 때마다 회색이었던 생쥐의 몸에 색이 더해지고 배는 점점 더 불룩해집니다. 단순한 내용이지만 아이들은 이 책을 통해 turnip (순무), carrot (당근), grapes (포도)와 같은 채소와 과일의 이름, crisp (아삭한), sweet (달콤한), tender (부드러운)와 같은 식감과 맛, 그리고 white, orange, yellow와 같은 색을 익힐 수 있습니다.

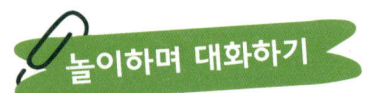 놀이하며 대화하기

식사 준비를 마쳤다면 본격적으로 대화를 나눠볼까요? 놀이를 통해 대화를 익히고 기억해두었다가 실제 식사 시간에 사용해보세요. 놀이 재료들은 133페이지에서 미리 오리고 색칠해서 준비해주세요.

 **1** 놀이 재료 식탁 위에 숟가락과 젓가락을 놓아주세요. MP3 01-02

 아, 숟가락이랑 젓가락 놓는 걸 깜빡 했네.

Oh, I forgot to put spoons and chopsticks on the table.

 도와드릴까요, 엄마?

Want me to help you, Mom?

응, 젓가락을 숟가락 오른쪽에 놔줘.

Yes, please place the chopsticks on the right side of the spoon.

이렇게요?

Like this?

 응. 아주 잘했구나.

Yes, you did very well.

자, 먹자!

Okay, let's dig in!

 우리 아들, 혼자 밥 먹을 수 있지?

Honey, you can eat by yourself, right?

 그럼요. 그런데 젓가락질은 아직 잘 못해요.

Of course. But I'm not good at using the chopsticks yet.

- chopsticks 젓가락
- by oneself 혼자서, 스스로
- on the right side of ~의 오른쪽에
- be good at ~을 잘 하다
- dig in 먹어라

이번에는 음식을 접시에 담아 식탁에 놓고 먹는 연기를 합니다.

우와, 내가 제일 좋아하는 돈가스 반찬이다!
Wow, it's my favorite side dish, pork cutlet!

우리 아들 주려고 만들었지. 꼭꼭 씹어서 천천히 먹어.
I made it just for you. Chew well and eat slowly.

음, 맛있어요!
Mmm, yummy!

시금치랑 김치도 먹어봐.
Try some spinach and kimchi, too.

시금치는 맛 없고 김치는 너무 매워요.
Spinach is not tasty, and kimchi is too spicy.

그래도 음식을 골고루 먹어야 건강해지지.
But you have to eat balanced meals to be healthy.

알겠어요, 시금치 먹어볼게요.
Okay, I'll try the spinach.

- side dish 반찬
- chew well 꼭꼭 씹다
- spinach 시금치
- spicy 매운
- pork cutlet 돈가스
- yummy 맛있는
- tasty 맛있는

Unit 01. It's Dinner Time!

 마지막으로 식탁을 치우고 빈 그릇을 정리합니다.

엄마, 배불러요.
I'm full, Mom.

그런데 그릇에 밥이 아직 있는데. 남기지 말고 다 먹어.
But you still have some rice left in your bowl.
Make sure to finish everything.

보세요, 엄마. 전부 다 먹었어요!
Look, Mom. I ate everything!

잘했어. 이제 식탁을 치워야겠다.
Good job. Now we need to clean up the table.

저도 설거지해보고 싶어요.
I want to do the dishes, too.

그릇은 깨지기 쉬워서 손가락을 베일 수 있어.
Plates break easily,
so you might cut your finger.

알겠어요. 더 크면 해볼게요.
Okay, I'll do them later when I'm bigger.

엄마 설거지할 동안 이를 닦으렴.
Brush your teeth while Mommy does the dishes.

- full 배부른
- bowl (우묵한) 그릇
- clean up 치우다
- do the dishes 설거지하다
- break 깨지다
- cut 베다
- brush one's teeth ~의 이를 닦다

카드로 놀기
밥 먹기

식사 시간 전과 후, 그리고 밥을 먹으면서 사용할 수 있는 말들을 카드로 정리했습니다. 식탁 근처나 냉장고 등 눈에 잘 보이는 곳에 붙여두고 식사 시간마다 반복해서 이야기해보세요.

③ 꼭꼭 씹어 천천히 먹기
Chew well and eat slowly.

⑥ 설거지할 동안 이 닦기
Brush your teeth while Mommy does the dishes.

② 숟가락과 젓가락 놓기
Place the chopsticks on the right side of the spoon.

⑤ 식탁 치우기
Now we need to clean up the table.

① 밥 먹기 전 손 씻기
Wash your hands before eating.

④ 골고루 먹기
Eat balanced meals to be healthy.

3 꼭꼭 씹어 천천히 먹기

6 설거지할 동안 이 닦기

2 숟가락과 젓가락 놓기

5 식탁 치우기

1 밥 먹기 전 손 씻기

4 골고루 먹기

Unit 02 Brushing Teeth Is Fun.

이 닦는 건 즐거워.

수가 초콜릿, 사탕, 케이크를 잔뜩 먹고 나서 이를 닦지 않겠다고 고집을 부립니다. 매일 닦아야 하지만 양치질을 싫어하는 수 때문에 엄마는 늘 고민입니다. 특히 단 것을 먹고 나서 이를 닦지 않겠다고 떼를 쓰면 엄마는 정말 난감합니다. 대화를 통해 아이에게 왜 이를 닦아야 하는지 알려주고, 재미있는 놀이를 통해서 올바르게 이 닦는 법도 알려주세요.

엄마랑 대화하기

수야, 화장실에 가서 이 닦으렴.	Sue, go to the bathroom and brush your teeth.
이 닦기 싫어요.	I don't want to brush my teeth.
이를 닦지 않으면 썩어.	If you don't, you will get cavities.
알았어요, 엄마.	Okay, Mommy.
하루에 3번, 3분 동안 양치질 하는 것 잊지 마.	Don't forget to brush your teeth for 3 minutes, 3 times a day.
하기 싫지만 노력할게요.	I don't want to, but I'll try.

• brush one's teeth ~의 이를 닦다 • cavity 충치

함께 읽으면 좋은 그림책

Brush Your Teeth Please
by Leslie McGuire

권장 연령 : 2~5세

팝업북으로 장난감처럼 활용할 수 있는 책입니다. 곰, 침팬지, 하마, 사자, 상어가 순서대로 등장해 이 닦는 법을 알려줍니다. 아이들이 직접 칫솔을 위아래, 옆으로 당겨보면서 이 닦는 순서와 방향을 익힐 수 있습니다. 마지막 장에는 거울이 등장하며 아이한테도 깨끗한 이를 보여달라고 합니다. 이 책을 이용해 재미있게 놀이하듯 이 닦는 방법을 알려주는 건 어떨까요?

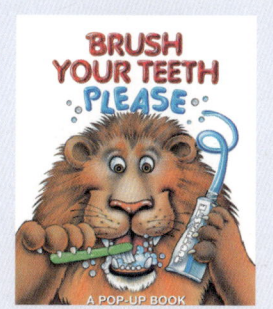

 놀이하며 대화하기

양치질을 왜 하는지 이야기를 나누었다면, 놀이를 통해 양치질 하는 법을 익혀보세요. 139페이지의 수(Sue) 얼굴, 싱크대, 치약, 컵, 단 음식들은 오리고, 칫솔은 만들어서 이 닦기 놀이에 필요한 재료를 미리 준비해주세요. 오릴 양이 너무 많아서 아이가 지치지 않게 엄마가 도와주세요.

 **1** 수(Sue) 입 속에 초콜릿, 막대사탕, 초콜릿, 케이크, 젤리 빈을 넣어주세요. **MP3** 02-02

 엄마, 저 막대사탕, 초콜릿, 케이크, 젤리빈을 먹었어요.
Mom, I've had a lollipop, chocolate, cake, and jelly beans.

 그럼 이를 닦아야겠네.
Now you need to brush your teeth.

 혼자서는 잘 못해요.
I cannot do it well by myself.

 걱정 마, 엄마가 도와줄게.
Don't worry, Mommy will help you.

- lollipop 막대사탕　• jelly bean 젤리 빈(콩처럼 생긴 젤리)　• by oneself 혼자서

 **2** 양치 컵을 준비하고 종이 칫솔에 치약을 짜서 양치질 준비를 합니다. **MP3** 02-03

 먼저 컵에 물을 받아.
First, fill your cup with water.

그다음엔 칫솔 걸이에서 칫솔을 빼.
Then take your toothbrush from the toothbrush holder.

 그다음은요?
What's next?

- fill 채우다　• toothbrush 칫솔
- holder (물건을 거는) 받침대
- squeeze ~을 짜다　• toothpaste 치약

 칫솔 위에 치약을 조금 짜.
Squeeze some toothpaste onto your toothbrush.

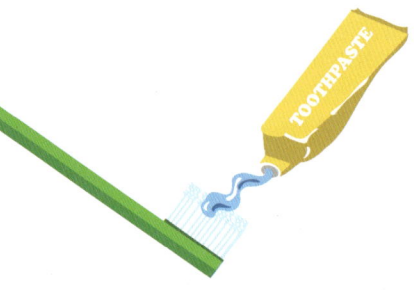

놀이순서 3 종이 칫솔로 수의 이를 싹싹 닦습니다. MP3 02-04

 어금니를 먼저 닦아봐.

Brush your back teeth first.

칫솔을 앞뒤로 움직이고.

Move your toothbrush back and forth.

 이렇게요, 엄마?

Like this, Mom?

 응, 아주 잘하고 있어, 수.

Yeah, you're doing a great job, Sue.

이번엔 앞니를 닦아봐.

This time brush your front teeth.

위아래로 닦아.

Brush them up and down.

 엄마, 다 한 것 같아요.

Mommy, I think I'm done.

 혀도 닦아야 한단다.

Your tongue should be brushed, too.

- back teeth 어금니
- back and forth 앞뒤로
- front teeth 앞니
- up and down 위아래로
- tongue 혀

 놀이 순서 **4** 컵에 담긴 물을 수의 입에 붓고 오글오글 헹구는 소리를 내주세요.

 이제 입을 헹굴 차례야.
It's time to rinse your mouth.

입에 물을 조금 머금고 오글오글 해봐.
Sip some water, then gargle.

 오글오글.
Gargle, gargle.

 이제 물을 뱉어.
Now spit it out.

- rinse 헹구다
- sip 조금 마시다
- gargle 입을 가시다
- spit out 뱉다

 놀이 순서 **5** 세면대에서 칫솔을 헹군 뒤 칫솔 걸이에 걸어주세요.

 우리 수, 이제 거의 다했어.
You're almost done, honey.

칫솔을 헹궈서 칫솔 걸이에 다시 걸어두렴.
Rinse your toothbrush and put it back in the toothbrush holder.

 다했어요, 엄마.
I'm finished, Mom.

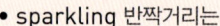
- sparkling 반짝거리는

 잘했어, 수. 우와, 이가 반짝반짝 하얗게 빛나네!
Well done, Sue. Wow, your teeth are sparkling white!

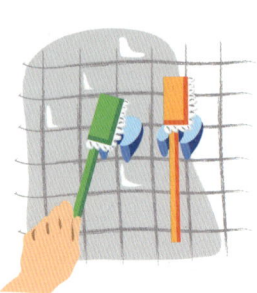

카드로 놀기
이 닦기 순서

아이와 함께 카드를 보면서 양치질 순서를 되짚어보고, 큰 소리로 말해보세요. 욕실 안 거울이나 벽면 등 눈에 잘 띄는 곳에 카드를 붙여두고 이를 닦을 때마다 아이에게 이야기해주세요.

3 이 닦기

Brush your teeth up and down, and back and forth.

6 칫솔 걸기
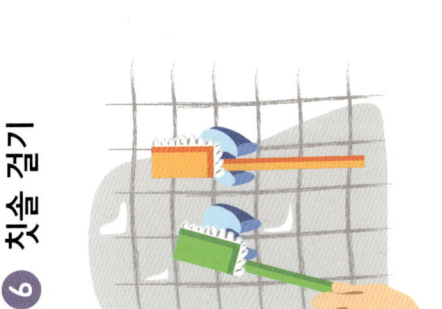
Put it back in the toothbrush holder.

2 컵에 물 받기

Fill your cup with water.

5 칫솔 헹구기

Rinse your toothbrush.

1 치약 묻히기

Squeeze some toothpaste onto your toothbrush.

4 입 헹구기

It's time to rinse your mouth.

6 칫솔 걸기	**3** 이 닦기
5 칫솔 헹구기	**2** 컵에 물 받기
4 입 헹구기	**1** 치약 묻히기

Unit 03 Good Night, Sweetie.

잘 자라, 우리 아가.

잘 시간이 되었는데도 한이가 잘 생각을 하지 않네요. 내일 아침 일찍 일어나서 유치원에 가야 하는데 더 놀려고만 하니 엄마는 애가 탑니다. "한아, 제발 엄마 말 좀 들어줄래?" 이럴 땐 아이에게 무조건 자라고만 하지 말고 왜 잠이 필요한지 알려주는 건 어떨까요? 아이가 엄마의 말을 이해해줄지도 모르니까요.

엄마랑 대화하기 — MP3 03-01

- 한아, 잠 잘 시간 거의 다 됐어.
 It's almost time to sleep, Han.
- 더 놀고 싶어요.
 I want to play some more.
- 10시 10분 전이야. 이제 잘 준비해야지.
 It's ten to ten. You should get ready for bed now.
- 그런데 엄마, 우리는 왜 매일 자야 돼요?
 But Mom, why do we have to sleep every day?
- 자는 동안 몸이 쉬거든.
 While you sleep, your body rests.

• get ready for bed 잠 잘 준비를 하다 • while ~하는 동안 • rest 쉬다

함께 읽으면 좋은 그림책

Llama Llama Red Pajama
by Anna Dewdney

권장 연령 : 2~5세

처음으로 엄마 아빠와 떨어져 자기 시작한 아이들은 대부분 불안과 공포를 느낍니다. 이 책의 주인공 빨간 잠옷을 입은 라마도 예외는 아닙니다. 책 속에서 이런 라마의 불안한 심리가 어떻게 행동으로 나타나는지 재미있게 묘사하고 있습니다. 또 이런 경우 엄마가 아이에게 어떤 말을 해줄 수 있을지 힌트도 제시합니다. 짧은 그림책이지만 기승전결이 뚜렷해 책을 읽고 나면 마치 한 편의 드라마를 본 듯한 느낌이 듭니다.

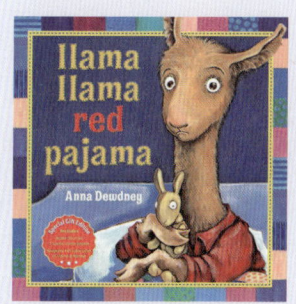

 **놀이하며 대화하기**

잠자리에 들기 전에 아이와 나눌 수 있는 대화를 놀이를 통해 익혀봅시다. 147페이지에서 필요한 놀이 재료는 모두 오려서 준비하고, 침대도 미리 접어서 준비해주세요.

 **1** 아이 인형 얼굴에 비누칠을 하고 세수를 한 다음 이를 닦아주세요. 🎧 MP3 03-02

 엄마, 잠자기 전에 책 읽어주시면 안 돼요?

Mom, can you please read me a story before I go to bed?

 알았어. 좋아하는 거 딱 한 권만 골라봐.

Okay, choose just one book you like.

 오예! 고마워요, 엄마.

Yay! Thank you, Mom.

 그런데 먼저 이를 닦고 세수를 해야 돼.

But you need to brush your teeth and wash your face first.

 이는 방금 전에 닦았는데요.

I brushed just a little while ago.

 간식 먹었으니까 한 번 더 닦는 게 좋겠어.

You ate a snack, so you'd better do it again.

 그다음에 책 읽어주실 거예요?

Will you read me a story after?

 그럼. 가서 깨끗이 씻고 와.

Sure. Go and wash yourself clean.

- a little while ago 조금 전에
- snack 간식
- you'd better ~하는 게 좋겠다

 아이 인형에 잠옷을 입혀주세요.

 다 했어요, 엄마.
I'm done, Mom.

 이제 잠옷 입자.
Now let's put on your pajamas.

 저 오늘은 슈퍼맨 잠옷 입을래요..
I want to wear the superman pajamas tonight.

- put on ~을 입다

 아이 인형을 침대에 눕히고, 엄마 인형은 책을 읽어줍니다.

 다 입었으면 침대에 누우렴.
If you're done, get in bed.

- get ~에게 ~을 가져다 주다 • teddy bear 곰 인형
- dinosaur 공룡 • bedtime story 잠자기 전에 읽는 동화
- once upon a time 옛날 옛날에

 엄마, 곰 인형 좀 갖다주세요. 곰돌이랑 같이 자고 싶어요.
Mom, please get me my teddy bear. I want to sleep with him.

 자, 여기. 이제 책 읽어도 되겠니?
Here you go, sweetie. Can I start the story now?

 네. 그 공룡 책 제가 제일 좋아하는 책이에요.
Yes. The dinosaur book is my favorite bedtime story.

 옛날 옛날에 시드라는 공룡이 살았어요.
Once upon a time there was a dinosaur named Sid.

4 엄마 인형이 아이 인형에게 뽀뽀를 해주고 자장가를 불러줍니다.

엄마 이제 잠이 와요.
Mom, I'm sleepy now.

하품하는 걸 보니 졸린 것 같구나.
I can tell since you're yawing.

잠들 때까지 저랑 같이 있어주실 수 있어요?
Can you stay with me until I fall asleep?

그럼 그러고 말고.
Sure I will.

잘 자라고 뽀뽀해주세요, 엄마.
Kiss me goodnight, Mommy.

쪽! 엄마가 자장가 불러줄까?
Muah! Want me to sing you a lullaby?

괜찮아요. 잘 자요, 엄마.
That's okay. Night-night, Mommy.

잘 자라, 우리 아가. 엄마가 이불 덮어줄게.
Good night, sweetie. I will tuck you in.

- sleepy 졸린
- yawn 하품하다
- fall asleep 잠 들다
- muah '쪽' 뽀뽀하는 소리
- lullaby 자장가
- night-night 잘 자, 잘 자요
- sweetie 사랑하는 사람을 부르는 말
- tuck somebody in ~에게 이불을 덮어주다

카드로 놀기
잠 잘 때

잠 잘 준비를 시작할 때부터 침대에 누워 잠들기 전까지 아이에게 해줄 수 있는 말들입니다. 잘 보이는 곳에 붙여두고 아이에게 반복해서 이야기해주세요.

③ 잠옷으로 갈아입기

Now let's put on your pajamas.

⑥ 자기 전 인사

Good night, sweetie.

② 세수하고 이 닦기

Brush your teeth and wash your face.

⑤ 책 읽기

I'll read you a story.

① 잠잘 준비

Let's get ready for bed.

④ 침대에 눕기

Get in bed.

1 잠잘 준비

2 세수하고 이 닦기

3 잠옷으로 갈아입기

4 침대에 눕기

5 책 읽기

6 자기 전 인사

Mom's
English
Playground

CHAPTER 02

바깥 놀이

Unit 04 **On the Playground**
놀이터에서 놀이터에서 놀기

Unit 05 **Riding a Bike**
자전거 타기 자전거 타기

Unit 06 **Going for a Walk**
산책하기 공원 꾸미기

Unit 04 On the Playground

놀이터에서

수가 가장 좋아하는 일과 중 하나가 놀이터 가기입니다. 엄마는 수가 놀이터에서 마음껏 뛰어노는 걸 보면 흐뭇하지만 혹시라도 다치지 않을까, 차례를 지키지 않고 혼자서만 놀이기구를 탄다고 떼 쓰지는 않을까, 집에 들어갈 시간이 되었는데도 더 놀겠다고 버티는 건 아닐까, 늘 걱정이 앞섭니다. 이번 놀이를 통해 놀이터를 안전하게 이용하는 방법과 놀이터에서 지켜야 할 질서와 예절에 대해 이야기 나눠보세요.

엄마랑 대화하기

- 엄마, 놀이터 가고 싶어요.
- 오늘은 너무 더워서 못 나가.
- 선크림을 바르면 어때요?
- 좋은 생각이야. 하지만 밖에 너무 오래는 못 있어.
- 밖에서 딱 한 시간만 놀아요.

- Mom, I want to go to the **playground**.
- It's too hot to go outside today.
- **What if** I **put on** some **sunblock**?
- That's a good idea. But you cannot stay out for too long.
- Let's play outside just for an hour.

• playground 놀이터 • what if ~라면 어떨까? • put on (화장품을) 바르다 • sunblock 선크림

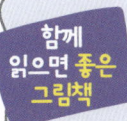

함께 읽으면 좋은 그림책

Maisy Goes to the Playground
by Lucy Cousins

권장 연령 : 3~6세

꼬마 생쥐 메이지가 주인공으로 나오는 입체북 시리즈 중 하나입니다. 메이지가 놀이터에서 미끄럼틀을 타고, 물장난도 하고, 그네도 타고, 모래놀이도 하는 일상적인 모습을 담고 있습니다. 아이들은 탭을 당기고 숨겨진 그림을 들춰보면서 메이지의 행동을 재미있고 정확하게 인지할 수 있습니다. 메이지 입체북 시리즈는 보는 내내 '와, 신기하다!'라는 말이 절로 나오게 할 정도로 상상력이 가득한 책입니다. 모든 아이들이 흥미를 가지고 쉽고 재미있게 볼 수 있을 겁니다.

 **놀이하며 대화하기**

밖에 나갈 준비가 되었다면 이제 본격적으로 놀이터에서 놀아볼까요? 평소 놀이터에서 아이와 가장 많이 나눌 수 있는 대화이니 잘 기억했다가 실제 놀이터에서 사용해보세요. 155페이지에서 놀이에 필요한 재료들은 미리 준비해주세요.

 **1** 놀이터 지도에서 그네를 찾아 이동해주세요. 　　MP3 04-02

 저 그네 먼저 탈래요.
I want to ride the swing first.

 자리 하나 비었다. 빨리 가서 타.
There's one empty. Run and get on the swing.

 알았어요, 엄마!
Okay, Mommy!

 엄마가 밀어줄까?
Want me to push you?

 아뇨, 혼자 탈 수 있어요.
No, I can swing by myself.

엄마! 저 높이 올라가는 거 보세요!
Mom! Look at me fly!

 우와, 멋지다! 그런데 줄 꽉 잡아!
Wow, fantastic! But hold on tight!

 저도 알아요! 걱정 마세요.
I know! Don't worry.

- ride the swing 그네를 타다
- push 밀다
- swing 그네를 타다
- hold on ~을 잡다
- tight 단단히, 꽉

 놀이 순서 2 놀이터 지도에서 미끄럼틀을 찾아 이동해주세요. MP3 04-03

 이번엔 미끄럼틀 타고 싶어요.
This time I want to go down the slide.

 좋아. 가보자.
Okay, let's go.

 아휴, 줄 서 있는 친구들이 엄청 많아요. 기다리는 거 정말 싫어요.
Phew, there are a lot of kids waiting in line. I hate waiting.

 싫어도 네 차례를 기다려야지.
Even if you don't like it, you have to wait for your turn.

 엄마, 이제 제 차례에요. 슝!
Mom, it's my turn. Whee!

- go down the slide 미끄럼틀을 타다
- wait in line 줄을 서서 기다리다
- turn 차례

 놀이 순서 3 놀이터 지도에서 시소를 찾아 이동해주세요.  04-04

 엄마, 저랑 시소 타면 안 돼요?
Mom, can you ride the seesaw with me?

 어른들은 타는 거 아니야. 친구한테 같이 타자고 해봐.
That's not for adults. Ask one of the other kids to ride with you.

 엄마! 이 친구가 저랑 같이 시소 탄대요. 우리 오르락 내리락 하는 거 보세요!
Mom! She's going to ride the seesaw with me. Watch us go up and down!

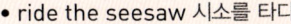
- ride the seesaw 시소를 타다

 **4** 놀이터 지도에서 뺑뺑이를 찾아 이동해주세요. MP3 04-05

 수야, 집에 갈 시간이야.

Time to go home, Sue.

 마지막으로 뺑뺑이 딱 한 번만 타면 안 돼요?

Can I ride the merry-go-round one last time?

 좋아, 하지만 이번이 정말 마지막이야.

Okay, but this is really the last time.

 고마워요. 사랑해요, 엄마!

Thank you. I love you, Mommy!

엄마, 저 빙글빙글 돌아요!

Mom, I'm spinning!

 우와, 정말 빨리 돈다.

Wow, you're spinning really fast.

 다 놀았어요, 엄마. 이제 가요.

I'm done, Mom. Let's go now.

 배고프겠다. 빨리 씻고 저녁 먹자.

You must be hungry. Let's have dinner after taking a quick shower.

- merry-go-round 뺑뺑이
- one last time 마지막으로 한 번
- spin 돌다
- take a quick shower 간단히 샤워하다

카드로 놀기
놀이터에서

아이들이 놀이터에서 놀이기구를 타면서 사용할 수 있는 말들입니다. 이번 카드는 아이가 화자로 설정되어 있기 때문에, 엄마들은 문장 앞에 Do you want~, How about~, Let's~ 등을 넣어서 활용할 수 있습니다.

③ 미끄럼틀 타기
This time I want to go down the slide.

⑥ 집으로 가기
I'm done, Mom. Let's go now.

② 그네 타기
I want to ride the swing first.

⑤ 뺑뺑이 타기
Can I ride the merry-go-round one last time?

① 놀이터 가기
I want to go to the playground.

④ 시소 타기
Watch us go up and down.

예시 1) Do you want to go to the playground? 놀이터 가고 싶니?
예시 2) How about riding the swing? 그네 타는 게 어때?
예시 3) Let's go down the slide. 미끄럼틀 타자.

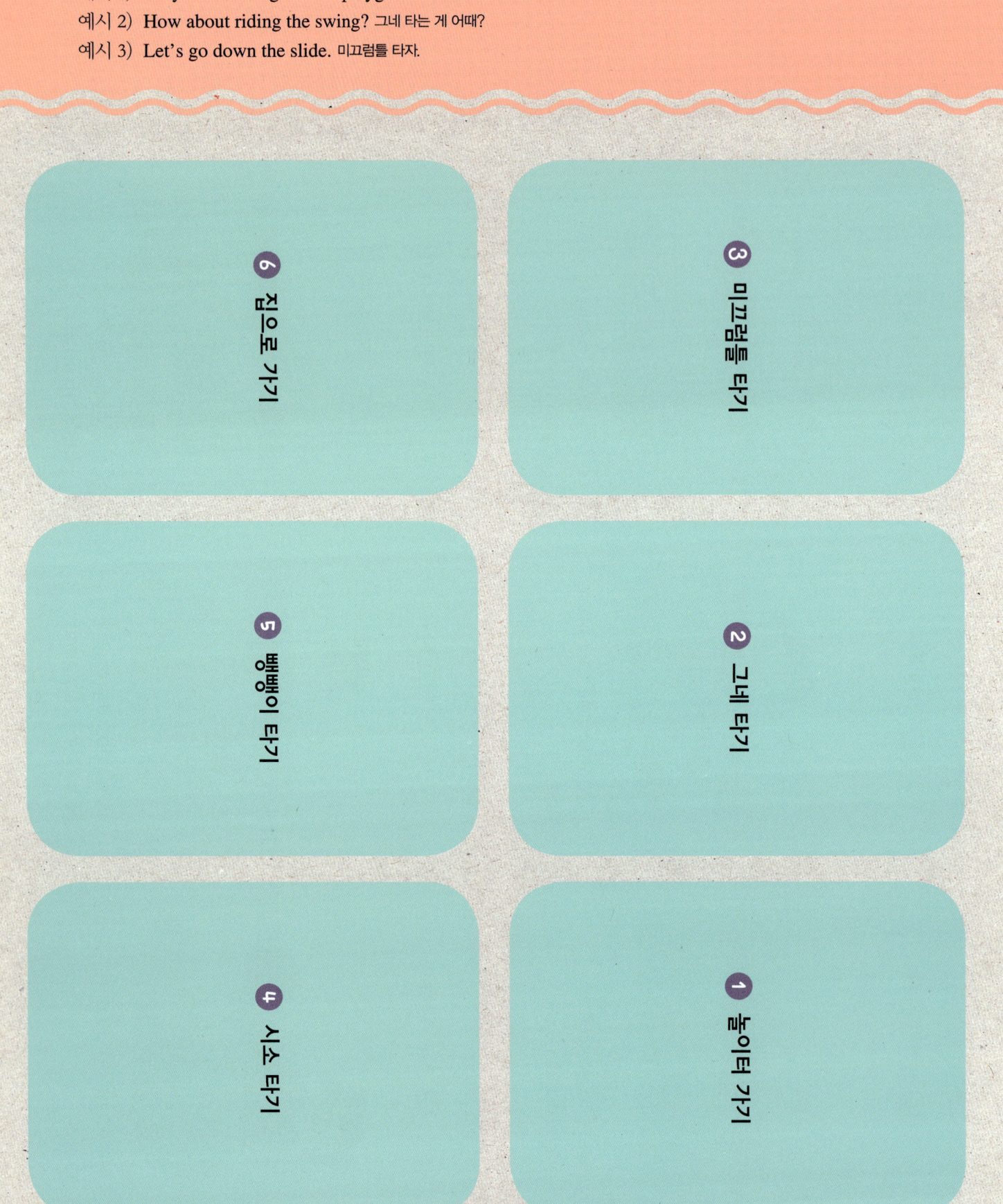

3 미끄럼틀 타기
6 집으로 가기
2 그네 타기
5 뺑뺑이 타기
1 놀이터 가기
4 시소 타기

Riding a Bike

자전거 타기

점점 더 형아가 되어 가고 있는 한이. 한이가 요즘 가장 좋아하는 바깥 놀이 중 하나는 자전거 타기입니다. 처음 탈 때는 비틀비틀 넘어질 것 같더니 금새 익숙해져서 이제는 쌩쌩 달리기도 합니다. 아이들한테는 페달 밟는 법, 방향 바꾸는 법, 브레이크 사용법 등 모든 것이 어렵고 낯설게 느껴질 겁니다. 이번 대화와 놀이를 통해 아이와 자전거 타는 법을 익혀보고 안전하게 타는 법도 이야기해보세요.

한아, 자전거 타러 갈래?　　Do you want to go and ride your bike, Han?

네, 좋아요! 타고 싶어요!　　Oh yes! I'd love to!

헬멧 챙겼니?　　Do you have your helmet with you?

그럼요. 이거 보세요!　　Of course. Look!

오늘은 공원으로 가자.　　Let's go to the park today.

- ride a bike 자전거를 타다

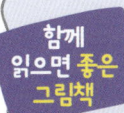
Duck on a Bike　by David Shannon　권장 연령 : 4~8세

자전거를 한 번도 타본 적 없는 오리는 아이가 세워둔 자전거를 보고 자기도 타보고 싶다는 엉뚱한 생각을 합니다. 처음에는 누구나 그렇듯 오리도 비틀비틀 하다가 점차 자전거 타는 법을 알게 되고, 자전거에 익숙해집니다. 오리는 지나가면서 동물 친구들을 만납니다. 그들 대부분 '자전거를 탄 오리'에 대해 부정적인 생각을 합니다. 하지만 그들의 진짜 속마음도 그럴까요? 아니면 부러우면 지는 거라는 생각에 그런 척한 걸까요? 비슷한 장면과 구절이 반복되는 듯하다가 마지막에 반전과 교훈이 있는 재미 있는 동화입니다.

 놀이하며 대화하기

이제 본격적으로 자전거를 타봅시다. 놀이를 통해 자전거를 탈 때 사용할 수 있는 말들을 많이 연습하고, 실제로 자전거를 타러 나갈 때마다 사용하세요. 163페이지에서 놀이에 필요한 재료들은 미리 준비해주세요.

 **1** 미리 만들어둔 트랙 옆에 서서 아이 인형에게 헬멧을 씌워줍니다. **MP3** 05-02

 한아, 헬멧 먼저 쓰고 자전거에 올라타 봐.
Han, put on your helmet first and hop on the bike.

자전거 조금만 잡아주세요. 저 아직 잘 못 타거든요.
Please hold onto my bike for a bit. I'm not good at riding it yet.

알았어. 준비 됐니?
Okay. Are you ready?

네, 출발해요!
Yup, let's go!

 엄마 이제 손 놓을게. 페달을 힘껏 밟아!
I'm going to let go now.
Pedal as hard as you can!

어, 넘어질 것 같아요!
Uh-oh, I feel like I'm going to fall!

 겁내지 말고 중심을 잡아봐.
Don't be scared and try to balance.

- hop on ~에 타다
- hold onto ~을 꼭 잡다
- let go 놓다
- pedal 페달을 밟다
- fall 넘어지다
- scared 무서운
- balance 균형을 잡다

 트랙 커브 길에서 방향을 바꾸는 연습을 합니다. MP3 05-03

저기서 왼쪽으로 틀어.
Turn left over there.

저 못할 것 같아요. 도와주세요, 엄마.
I don't think I can. Help me, Mommy.

핸들을 왼쪽으로 살짝 돌려봐.
Slightly turn the **handle** toward the left.

- turn left 왼쪽으로 돌다 • slightly 조금 • handle 손잡이

 브레이크를 잡으면서 속도를 줄이고 서서히 멈추는 연습을 합니다. MP3 05-04

 야호, 신난다!
Yahoo, it's so exciting!

 너무 빨라! 속도를 늦춰!
You're too fast! **Slow down**!

 아악! 꽈당!
Yikes! *Thump*!

 우리 아들, 괜찮아?
Sweetie, are you all right?

- yahoo 야호 • slow down 속도를 늦추다
- yikes 아악 (겁을 먹었을 때 내는 소리) • thump '꽝' 하는 소리

속도를 줄이거나 멈출 땐 브레이크를 사용해야지.
You have to use the brakes to slow down or stop.

 트랙을 돌면서 자전거를 안전하게 타는 법에 대해 이야기 나눠보세요.

 앞에 있는 사람들 조심해.

Watch out for the people in front of you.

따르릉, 따르릉.

Ting-a-ling, *ting-a-ling*.

잠깐만요, 지나갈게요!

Excuse me, coming through!

 한아, 아주 잘했어!

Good job, Han!

 히히. 엄마가 가르쳐주셨잖아요.

He-he. You taught me that, Mom.

 맞아. 사람들 사이를 지나갈 땐 벨을 울려야 한다고 했지.

Right, you should ring the bell when passing through people.

 엄마, 저 조금 더 빨리 달려볼게요.

Mommy, I'm going to go a little bit faster.

하지만 기억해! 빨리 타는 것보다 안전하게 타는 게 더 중요하다는 걸.

But remember! Riding safely is more important than riding fast.

- watch out for ~을 조심하다
- ring a bell 벨을 울리다
- safely 안전하게
- ting-a-ling 따르릉 (자전거 벨 울리는 소리)
- pass through ~을 통과하다
- come through 지나가다
- a little bit 조금

카드로 놀기
자전거 타기

아이들과 자전거를 타러 나갈 때 사용할 수 있는 말들입니다. 자전거에 오르기 전과 후, 자전거를 타면서 자주 사용할 수 있으니 잘 보이는 곳에 붙여두고 연습하세요.

③ 방향 전환하기

Slightly turn the handle toward the left.

⑥ 벨 울리기

Ring the bell when you pass through people.

② 페달 밟기

Pedal as hard as you can.

⑤ 브레이크 잡기

Use the brakes to slow down or stop.

① 헬멧 쓰고 자전거에 오르기

Put on your helmet and hop on the bike.

④ 속도 줄이기
You're too fast! Slow down!

1 헬멧 쓰고 자전거에 오르기

2 페달 밟기

3 방향 전환하기

4 속도 줄이기

5 브레이크 잡기

6 벨 울리기

Unit 06 Going for a Walk 산책하기

수는 엄마랑 산책하는 걸 좋아해서 산책하러 자주 나가는 편입니다. 걷는 건 힘들지만 걸으면서 엄마랑 이야기도 하고, 꽃과 나무, 새와 곤충들도 만날 수 있으니까요. 책과 장난감도 좋지만 가끔은 아이와 함께 동네나 공원을 한 바퀴 돌면서 다정하게 이야기해보세요. 몸과 마음을 쉬게 하고 자연에 대해 이야기를 하다 보면 시간이 훌쩍 지나갈 거예요.

엄마랑 대화하기

오늘 날씨 정말 좋다!	What a lovely day!
엄마, 우리 산책하러 가요.	Mommy, let's go for a walk.
그럴까? 어디 가고 싶어, 수야?	Shall we? Where do you want to go, Sue?
공원이요.	To the park.
그거 좋겠다. 거기서 뭐 하고 싶니?	Sounds good. What would you like to do there?
물고기랑 오리를 보고 싶어요.	I want to see the fish and ducks.

- go for a walk 산책하러 가다 • duck 오리

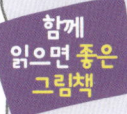 **함께 읽으면 좋은 그림책**

The Foggy Foggy Forest
by Nick Sharratt   권장 연령 : 3~7세

What can this be in the foggy foggy forest? 뿌연 안개가 낀 숲 속에 이 그림자들의 정체는 무엇일까요? 첫 장을 펴면 까만 그림자가 나오고 다음 장에서 그림자의 정체가 밝혀집니다. 과연 누구의 그림자일지 아이들의 호기심을 자극하고 추측하게 만드는 책입니다. 하나씩 하나씩 드러나는 그림자의 주인공과 그들의 행동이 상당히 유쾌하고 재미있습니다. 아이와 숲 속을 산책한다고 상상하고 책 속 여러 주인공들을 만나보세요.

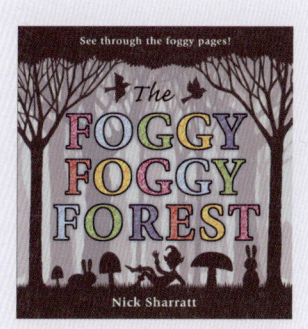

 자, 이제 공원으로 떠나볼까요? 아이와 산책을 갈 때 일어날 수 있는 상황을 대화로 꾸몄습니다. 놀이를 통해 대화를 익히고 아이와 실제로 산책을 나갈 때 활용해보세요. 169페이지에서 놀이에 필요한 재료들은 미리 준비해주세요.

 횡단보도를 건너고 봄꽃에 대해 이야기를 나눕니다. MP3 06-02

- watch out 조심하다
- signal 신호
- change 바뀌다
- cross the road 길을 건너다
- oh my 세상에, 이런
- crosswalk 횡단보도
- light 불, 빛
- be careful 조심하다
- be here 왔다
- bloom 꽃이 피다

 수야 멈춰! 조심해!

Sue, Stop! Watch out!

 왜요? 빨리 가고 싶은데.

Why? I want to go fast.

 횡단보도 앞에 서서 신호를 기다려야지.

You have to stop at the crosswalk and wait for the signal.

 초록불로 바뀌었어요.

The light changed to green.

 길을 건널 때는 항상 조심해.

Always be careful when you cross the road.

드디어 다 왔다!

We're finally here!

 우와, 여기 예쁜 꽃이 많아요.

Wow, there are lots of beautiful flowers.

세상에, 봄이 되니까 여기저기에 꽃이 피었네.

Oh my, now that spring has come, flowers have bloomed everywhere.

 **2** 연못으로 이동해 물 속으로 물고기 밥을 던지는 척 연기합니다.

 우와, 연못에 물고기가 엄청 많아요.
Wow, there are a lot of fish in the pond.

 수야, 먹이를 던져 봐.
Throw them some food, honey.

 휙, 물고기야 많이 먹어라!
Whoosh. Eat a lot, fish!

 이제 오리를 보러 갈까, 수야?
Should we go see the ducks now, Sue?

 좋아요. 엄마, 저기 오리가 있어요!
Okay. Mom, the ducks are over there!

 몇 마리?
How many?

 하나, 둘, 셋, 넷, 다섯, 다섯 마리 있어요!
One, two, three, four, five, there are five ducks!

 오리들이 소풍 가는 것 같네.
It looks like they're going on a picnic.

- throw 던지다
- whoosh '쉭, 휙' 하는 소리
- look like ~인 것 같다
- go on a picnic 소풍 가다

 **3** 벤치로 이동해 휴식을 취하며 개미 떼를 관찰합니다.

엄마, 다리 아파요.

Mommy, my legs hurt.

벤치에 앉아서 쉬자.

Let's sit and relax on the bench.

엄마, 땅에 개미가 엄청 많아요. 으, 징그러워.

Mom, there's an awful lot of ants on the ground. Ew, gross.

누가 과자를 떨어뜨렸나 보다.

Someone probably dropped some biscuits.

개미들이 작은 구멍 속으로 들어가요.

The ants are going into small holes.

개미들이 집으로 먹이를 나르고 있네.

They are moving the food into their homes.

- hurt ~가 아프다
- relax 쉬다
- gross 징그러운
- biscuit 비스킷, 과자

카드로 놀기
공원 산책

공원으로 산책을 나가는 길과 공원에서 산책을 하며 활용할 수 있는 말들입니다.
눈에 잘 보이는 곳에 붙여두고 연습을 했다가 실제로 산책하러 갈 때 활용하세요.

③ 꽃 구경하기

Flowers have bloomed everywhere.

⑥ 개미 관찰하기

The ants are moving the food into their homes.

② 길 건너기

Always be careful when you cross the road.

⑤ 오리 구경하기

The ducks are going on a picnic.

① 산책하러 가기

Let's go for a walk.

④ 물고기 밥 주기

Throw the fish some food.

1 산책하러 가기

2 길 건너기

3 꽃 구경하기

4 물고기 밥 주기

5 오리 구경하기

6 개미 관찰하기

Mom'n English Playground

CHAPTER 03

역할 놀이

Unit 07 **Let's Play Doctor.**
병원 놀이해요. 병원 놀이

Unit 08 **I Love Cars!**
내 사랑, 자동차! 자동차 놀이

Unit 09 **Peekaboo!**
까꿍! 아기 돌보기

Unit 07 Let's Play Doctor. 병원 놀이해요.

수는 병원에 가는 걸 무서워합니다. 병원에 가면 비타민 사탕도 먹을 수 있고, 주사를 맞지 않는다는 것도 알지만 여전히 병원이 무섭습니다. 다행히 수는 병원 놀이는 좋아합니다. 자신이 직접 의사 선생님이 되어 치료를 하면 보람을 느껴서 일까요? 자, 이제 병원 놀이를 통해서 아이들에게 병원은 아픈 곳을 치료해주는 고마운 곳이라고 알려주고 진찰 과정도 되짚어보세요.

엄마랑 대화하기   MP3 07-01

엄마, 저 심심해요.		Mommy, I'm bored.
수야, 엄마 지금 바빠. 빨래 널어야 돼.		I'm busy right now, honey. I have to hang out the laundry.
혼자 놀기 싫어요. 빨래 다 널고 놀아주시면 안 돼요?		I don't want to play by myself. Can you play with me when you're done?
좋아. 뭐하고 싶어?		Sure, what would you like to do?
병원 놀이해요!		Let's play doctor!

- be board 심심하다   • hang out the laundry 빨래를 널다   • play doctor/hospital 병원 놀이하다

함께 읽으면 좋은 그림책

Going to the Doctor
by Anna Civardi   권장 연령 : 3세 이상

Usborne First Experiences 시리즈 중 하나입니다. 이 시리즈는 병원 가기, 치과 가기, 학교 가기, 이사 가기, 비행기 타기, 새로 태어난 동생, 새로 온 강아지 등 아이들이 일상생활에서 처음 접하게 되는 경험을 소재로 합니다. 이 시리즈를 통해 간접 경험을 한 아이들이라면 실제 경험을 할 때 두렵거나 당황스러운 마음을 조금 덜어낼 수 있을 것입니다. 특히 Going to the Doctor에서는 병원 예약부터 병원에서 진료를 받고 약국에서 약을 받는 과정까지 상세하게 그리고 있습니다. 책 속에는 병원에서 사용하는 진료 도구도 등장하기 때문에 단어를 익히는 데도 도움이 됩니다. 편안하고 친근한 일러스트도 이 책의 장점입니다.

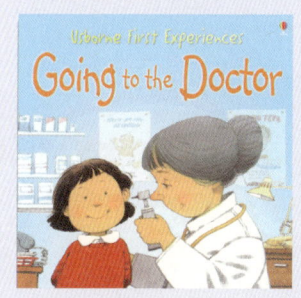

 **놀이하며 대화하기**

이제 병원 놀이를 시작해봅시다. 아이들이 실제로 병원에 가면 열을 재고, 목 검사를 하고, 청진기로 진찰을 하고, 귀 검사를 하게 됩니다. 이러한 일련의 과정을 대화 속에 담았으니 병원에 갔던 기억을 되살려 아이와 이야기 나눠보세요. 놀이 재료는 175페이지에서 미리 준비해주세요.

 **1** 아픈 곳을 이야기하고 체온계로 열을 잽니다. MP3 07-02

 제가 의사 선생님 할게요. 엄마는 환자예요.

I'll be the doctor. You are the patient.

자, 어디가 아프세요?

So, what seems to be the problem?

 열이 나고 기침이 나요.

I have a fever and a cough.

 언제부터 그랬어요?

When did they start?

 어젯밤부터요.

Since last night.

 코는 어때요?

How about your nose?

 콧물이 나요.

I have a runny nose.

 열을 재봅시다.

Let's take your temperature.

- patient 환자
- have a fever 열이 나다
- have a cough 기침이 나다
- runny 콧물이 흐르는
- take one's temperature ~의 체온을 재다

 압설자로 혀를 눌러 목을 검사하고 목 상태에 대해 이야기합니다. MP3 07-03

 입을 벌리고 '아' 해보세요.
Open your mouth and say, "Ah."

 아.
Ahhh.

 목이 부었어요.
Your throat is swollen.

• throat 목, 목구멍   • swollen 부은

 청진기를 가슴과 등에 대고 진찰한 뒤 결과에 대해 이야기합니다. MP3 07-04

 이제 이걸로 진찰할게요.
Now I'll check you with this.

 청진기로요?
With the stethoscope?

 아 네. 청진기요.
Oh yes, the stethoscope.

 그걸로 어디를 진찰하실 거예요?
Where will you examine me with that?

 가슴이랑 등을 진찰할게요.
I'll listen to your chest and back.

• stethoscope 청진기   • examine 진찰하다
• chest 가슴   • back 등

 4 검이경으로 귀를 검사한 뒤 상태에 대해 이야기합니다. MP3 07-05

 귀를 보겠습니다.
Let me take a look inside your ears.

머리를 이쪽으로 돌려주시겠어요?
Can you turn your head this way?

 네.
No problem.

 아주 좋아요. 다른 쪽도 볼게요.
Wonderful. Let me see the other side.

• turn 돌리다

 5 마지막으로 환자에게 주사를 놓고 약을 줍니다. MP3 07-06

 주사를 놔드릴게요.
I'm going to give you a shot.

 아, 따가워!
Ow, it stings!

 잘 참으셨어요. 여기 약이 있으니 드세요.
Good job. Here's some medicine, so please take it.

 꿀꺽. 아이, 써.
Gulp. Oh, so bitter.

• give a shot 주사를 놓다   • sting 따끔거리다   • medicine 약
• gulp 꿀꺽 삼키기   • bitter 맛이 쓴

카드로 놀기
병원 놀이

아이가 평소 병원에 가서 진료를 받을 때 의사 선생님이 자주 하는 말들입니다. 아이가 의사 역할을 하면서 사용할 수 있고, 엄마도 의사 역할을 하면서 사용할 수 있습니다. 카드를 오려서 잘 보이는 곳에 붙여두고 병원 놀이를 할 때마다 사용하세요.

3 청진기로 진찰

I'll listen to your chest and back.

6 약 먹기

Take this medicine.

2 목 검사

Open your mouth and say, "Ah."

5 주사 놓기

I'm going to give you a shot.

1 열 재기

Let's take your temperature.

4 귀 검사

Let me take a look inside your ears.

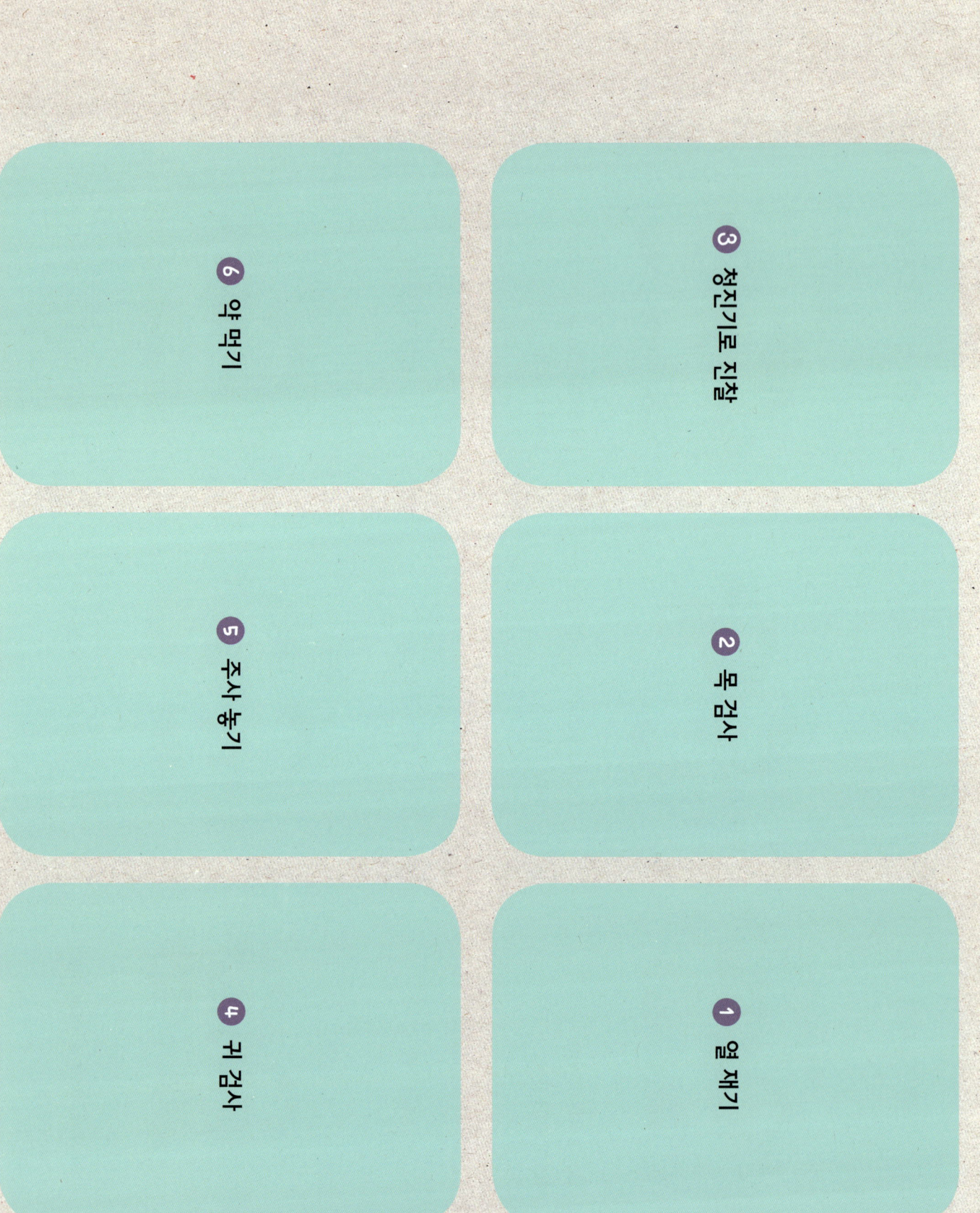

Unit 08 I Love Cars! 내 사랑, 자동차!

아침에 일어나 밤에 잘 때까지 손에서 장난감 자동차를 놓지 않는 한이. 어쩜 그렇게 차를 좋아하는지 모르겠습니다. 부릉~ 부릉~ 소리를 내며 바퀴만 굴려도 하루 종일 심심하지 않나 봅니다. 가르쳐주지 않아도 차의 종류며 소리까지 알고 있는 아이들, 정말 신통방통하죠? 차에 별로 흥미가 없는 엄마들도 오늘 하루만큼은 큰 맘 먹고 아이를 위해 신나게 놀아주는 건 어떨까요?

엄마랑 대화하기 MP3 08-01

- 엄마, 자동차 놀이해요.
  Mommy, let's play with cars.

- 한아, 매일 차 가지고 노는데 지겹지도 않니?
  Aren't you tired of playing with cars every day, Han?

- 아뇨, 전혀요.
  저는 이 세상에서 차가 제일 좋아요.
  No, not at all.
  I like cars more than anything else in the world.

• be tired of ~이 싫증나다

함께 읽으면 좋은 그림책

Down by the Station
illustrated by Jess Stockham

권장 연령 : 3~7세

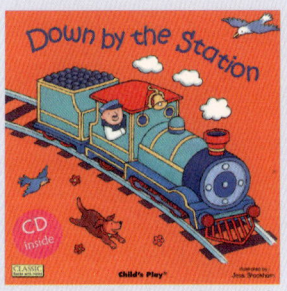

원래 마더구스(Mother Goose: '반짝반짝 작은 별'이나 '열 꼬마 인디언' 같이 예로부터 전해져 내려오는 동요나 동화) 중 하나인데 그림책으로 출판되었습니다. 아마도 남자아이들이 가장 좋아하는 마더구스 중 하나가 아닐까 생각합니다. Down by the station early in the morning (이른 아침 기차역)으로 시작하는 이 노래에는 기차, 버스, 트랙터, 택시, 트럭, 소방차가 차례로 등장합니다. 각각의 차를 운전하는 운전사들의 모습과 경적 소리도 요란하게 묘사되어 있습니다. 비슷한 구절이 반복되기 때문에 쉽고 재미있게 따라 부를 수 있습니다.

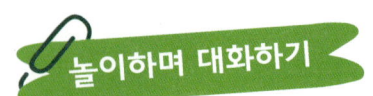 자동차 놀이를 시작해봅시다. 놀이를 하기 전에 운전사와 승객 역할을 정해주세요. 버스, 기차, 택시, 소방차, 구급차, 경찰차 놀이 재료는 183페이지에서 미리 준비해 주세요.

 **1** 버스 운전사와 승객 역할을 정하고 연기를 합니다.　　MP3 08-02

 엄마가 손님이고, 저는 버스운전사예요.

You're the passenger, and I'm the bus driver.

버스가 왔습니다. 자, 타세요!

Here comes the bus. Hop on, please!

 기차역까지 가나요?

Do you go to the train station?

 네, 갑니다.

Yes, we do.

 요금은 얼마인가요?

How much is the fare?

 천 원입니다.

One thousand won, please.

 자, 여기 있어요.

Here you go.

 이제 출발합니다! 부릉부릉!

Now off we go! *Vroom-vroom!*

- passenger 승객
- driver 운전사
- here comes~ ~가 오다
- hop on ~에 타다
- train station 기차역
- fare (교통) 요금
- off we go 출발

060　Chapter 03. 역할 놀이

 기관사와 승객 역할을 정하고 연기를 합니다. MP3 08-03

칙칙폭폭! 승객 여러분, 기차에 타세요!
Choo-choo! Please get on the train, passengers!

이 기차는 어디로 가나요?
Where does this train go?

서울로 갑니다.
It's going to Seoul.

타도 되나요?
May I board?

그럼요. 기차표 주세요.
Sure. Ticket, please.

여기요.
Here you go.

이제 출발합니다!
Now off we go!

- get on ~에 타다 - board (열차에) 타다 - ticket 표

놀이순서 3 택시 운전사와 승객 역할을 정하고 연기를 합니다. MP3 08-04

출발하기 전에 안전벨트를 매주세요.
Please **buckle up** before we leave.

이제 출발합니다! 빵빵!
Now off we go! *Honk-honk!*

어머, 소방차가 지나가네요.
Oh, a **fire truck** is passing through.

불이 났나 봐요. 삐요! 삐요!
There must be a fire. *Nee nor! Nee nor!*

소방차 뒤에 구급차도 가요!
It's **followed by** an **ambulance**!

누가 다쳤나 봐요.
Someone might **be hurt**.

보세요! 저기 경찰차가 가요!
Look! There goes a **police car**!

도둑을 잡으러 가나 봐요.
It looks like they are going to **catch a thief**.

- buckle up 안전벨트를 매다
- ambulance 구급차
- it looks like ~인 것 같다
- fire truck 소방차
- be hurt 다치다
- catch a thief 도둑을 잡다
- be followed by ~가 뒤따라 오다
- police car 경찰차

062 Chapter 03. 역할 놀이

카드로 놀기 - 자동차 놀이

아이들이 일상생활에서 가장 많이 접할 수 있는 차의 종류입니다. 자동차 놀이를 하면서 각 자동차 별로 상황에 맞게 이야기해보세요.

3 택시

Please buckle up before we leave.

6 경찰차

The police are going to catch a thief.

2 기차

Please get on the train, passengers!

5 구급차
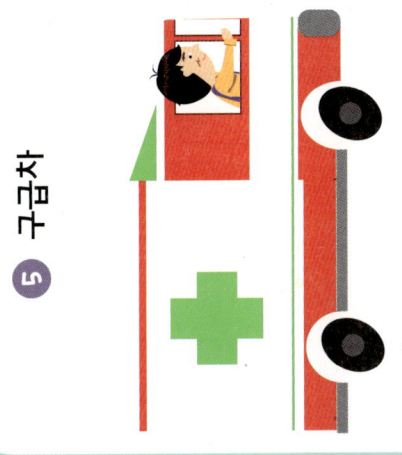
Someone might be hurt.

1 버스

Here comes the bus. Hop on, please!

4 소방차

There must be a fire.

Unit 09 Peekaboo! 까꿍!

수는 요즘 들어 부쩍 동생 있는 친구들이 부럽습니다. 동생한테 장난감도 빌려주고, 책도 읽어주고, 우유도 먹여줄 수 있는데 동생이 없어서 슬픕니다. 이런 생각을 혼자서만 하고 있다가 어느 날 갑자기 엄마한테 동생을 낳아달라고 말합니다. 평소 내색을 하지 않던 아이가 이런 말을 하니 엄마는 미안하고 당황스럽기만 합니다. 벌써 동생이 있는 친구도 있고, 없는 친구도 있을 텐데 이번 놀이를 통해 모두 아가와 신나게 놀아봅시다.

엄마랑 대화하기

엄마, 동생 낳아주세요.	Mom, I want to have a baby sister.
동생 있는 친구들이 부러웠나 보구나.	It seems like you envy your friends who have baby sisters.
네, 맞아요.	Yes, I do.
우리 딸, 미안해. 하지만 그건 정말 중요한 문제라서 당장 결정할 수가 없어. 대신 오늘은 아가 인형하고 놀자.	I'm sorry, sweetie. But that's a very big issue, so I can't make a quick decision. Instead, let's play with the baby doll today.

- baby sister/brother 동생
- make a decision 결정을 내리다
- envy ~을 부러워하다
- instead 대신
- issue 문제
- doll 인형

함께 읽으면 좋은 그림책

Baby's Busy World
by DK Publishing

권장 연령 : 0~4세

선명한 실사 사진으로 유명한 영국 DK 출판사에서 나온 사전 형식의 책입니다. 아기의 신체와 얼굴, 감정, 놀이, 장난감, 밥 먹기, 목욕하기, 잠자기 등 아기가 처음 접하게 되는 상황과 관련된 단어들이 실려 있어서 아이가 자기 자신과 주변을 인지하는데 도움이 됩니다. 단어뿐만 아니라 책에 실린 의성어와 간단한 문장들도 군더더기 없이 깔끔합니다. 갓난아기부터 이 책을 사용할 수 있고, CD와 함께 사용하면 더 좋습니다.

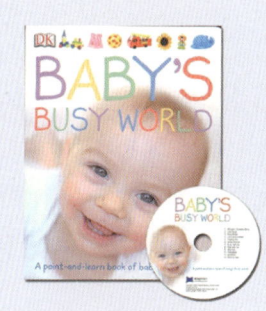

 **놀이하며 대화하기**

아기 돌보기 놀이를 시작해봅시다. 아이에게 이제부터 인형이 네 동생이니 잘 돌봐 달라고 이야기해주세요. 다른 놀이에서도 그렇지만 이번에는 특히 아이가 주체가 되어 놀이를 진행할 수 있도록 도와주세요. 엄마는 아이가 원하는 경우에만, 또는 원활한 진행을 위해 최소한의 도움을 주는 보조자 역할을 해주세요. 놀이 재료는 189페이지에서 준비해주세요.

 **1** 아기 인형에게 우유를 먹여줍니다. MP3 09-02

 수야, 이제 네가 아가 인형의 언니야. 잘 돌봐줄 수 있니?
Sweetie, you're the baby doll's big sister now. Can you take good care of her?

 그럼요!
Of course!

 수야, 동생이 울어. 배고픈가 봐.
Sue, she's crying. She seems hungry.

 울지마, 아가야. 언니가 우유 줄게.
Don't cry, baby. I'll give you a bottle.

 아가가 아직 입을 벌리고 있네. 우유를 조금 더 먹고 싶나 봐.
She's still opening her mouth. Maybe she wants some more milk.

 걱정하지 마. 언니가 더 줄게.
Don't worry, I'll give you more.

 아가가 배불러서 기분이 좋은가 보다. 이제 아가 트림시켜줘.
She looks full and happy. Help her burp now.

 탁탁탁. 아가야. 트림해봐.
Pat, pat, pat. Burp, baby.

- take care of ~을 돌보다
- bottle 우유(병)
- pat 토닥거리기, 토닥거리다
- seem ~인 것 같다
- burp 트림하다

 **2** 아기 인형에게 기저귀를 채워줍니다.

수야, 아가가 응가 했나봐.
Sue, it seems like she pooed.

괜찮아. 언니가 바로 기저귀 갈아줄게.
It's okay. I'll just change your diaper.

새 기저귀 채우기 전에 아가 엉덩이 닦아줘.
Wipe her bottom before putting a new diaper on her.

알겠어요, 물티슈로 닦아줄 거예요.
Okay, I'll clean her with baby wipes.

- poo 응가 하다, 똥을 누다
- change a diaper 기저귀를 갈다
- bottom 엉덩이
- baby wipe 물티슈

 **3** 포대기로 인형을 감싸줍니다.

언니가 어부바해줄까, 아가야?
Want me to give you a piggy-back ride, baby?

우와, 아가가 좋아하겠다.
Oh, she'd love it.

포대기가 필요한데.
I need a baby carrier.

잠깐만. 엄마가 갖다줄게.
Wait. I'll get that for you.

- give somebody a piggy-back ride ~을 업어주다
- baby carrier 포대기, 아기띠

Unit 09. Peekaboo!

 **4** 아기 인형과 함께 까꿍 놀이를 합니다.

 까꿍 놀이하자.
Let's play peekaboo.

 아가가 엄청 좋아한다. 아가가 웃고 있어.
She likes it very much. She's smiling.

 까꿍! 난 호랑이다! 어흥!
Peekaboo! I'm a tiger! Roar!

 아가가 무서운가 봐.
It looks like she's scared.

- play peekaboo 까꿍 놀이를 하다
- smile 미소를 짓다
- roar 으르렁거리는 소리
- be scared 무서워하다

 **5** 아기 인형을 욕조에 넣고 목욕시킵니다.

 목욕할 시간이야, 아가야.
It's time for a bath, baby.

욕조에 들어가자. 물 따뜻해?
Let's get into the tub. Does the water feel warm?

 수야, 거품 내서 아가 깨끗하게 씻겨줘.
Honey, make some bubbles and wash her clean.

 다 됐다! 개운해?
All finished! Do you feel clean?

- bath 목욕
- tub/bath tub 욕조
- make bubbles 거품을 내다

카드로 놀기
아기 돌보기

아기를 돌보면서 사용할 수 있는 말입니다. 놀이에서뿐 아니라 실제로 큰 아이가 어린 동생한테, 엄마가 어린 아기에게 사용할 수 있으니 잘 익혀두었다가 두루두루 활용해보세요.

③ 기저귀 갈아주기

I'll change your diaper.

⑥ 목욕 시키기

It's time for a bath.

② 트림 시키기

Let me help you burp.

⑤ 까꿍 놀이하기

Let's play peekaboo.

① 우유 먹이기

I'll give you a bottle.

④ 업어주기
Want me to give you a piggy-back ride?

1 우유 먹이기

2 트림 시키기

3 기저귀 갈아주기

4 업어주기

5 까꿍 놀이하기

6 목욕 시키기

Mom'n English Playground

CHAPTER 04

미술 놀이

Unit 10 **Happy Halloween**
즐거운 핼러윈   핼러윈 가면 만들기

Unit 11 **I Want to Be a Princess.**
공주가 되고 싶어요.   공주 왕관 & 반지 만들기

Unit 12 **Vincent van Gogh**
빈센트 반 고흐   아코디언북 만들기

Unit 10 Happy Halloween

즐거운 핼러윈

10월 31일은 핼러윈입니다. 미국에서는 아이들이 가장 좋아하는 날이라고 하는데 우리는 아직 낯설게 느껴집니다. 한이네 유치원에서도 영어 시간에 핼러윈 파티를 한다는데 엄마는 어떻게 준비해야 할지 고민입니다. 남자아이들은 보통 슈퍼맨, 유령, 해적 복장을, 여자아이들은 마녀, 천사, 공주 복장을 한다는데 우리 아이는 어떤 옷을 입고 싶어 할까요? 이날은 아이들이 집집마다 돌아다니며 사탕을 얻으러 가는 날이니 엄마들은 유치원에 보낼 사탕을 준비해야 할지도 모르겠습니다.

엄마랑 대화하기 MP3 10-01

- 엄마, 다음 주에 핼러윈 파티가 있어요!
  Mom, we have a Halloween party next week!

- 와, 재미있겠다!
  Oh, that sounds fun!

- 선생님이 파티 때 특별한 옷을 입을 거라고 했어요.
  Ms Lee said we should wear special costumes to the party.

- 한이는 어떤 거 입고 싶어?
  What do you want to dress up as, Han?

- 잘 모르겠어요.
  I'm not sure.

- Halloween 미국에서 10월 31일 유령이나 마녀 분장을 하고 즐기는 축제날
- costume 복장, 의상
- dress up 옷을 차려 입다

함께 읽으면 좋은 그림책

Where Is Baby's Pumpkin?
by Karen Katz

권장 연령 : 0~4세

사랑스러운 그림이 돋보이는 카렌 카츠의 플랩북 중 하나입니다. 이 책에서는 핼러윈을 맞아 고양이 복장을 한 꼬마 주인공이 호박등(jack-o'-lantern)을 찾는 과정을 그리고 있습니다. 몇 페이지 안 되는 분량이지만 놀랍게도 그 속에서 핼러윈의 계절인 가을의 정취를 느낄 수 있고, 핼러윈이면 으레 등장하는 유령, 박쥐, 캔디 애플(막대에 사과를 꽂아 시럽을 발라서 사탕처럼 만든 것), 마녀 모자, 호박등도 만날 수 있습니다. 카렌카츠 시리즈를 처음 접했을 때 사랑스러운 그림과 알록달록 강렬한 색채에 감탄했던 기억이 아직도 생생하네요.

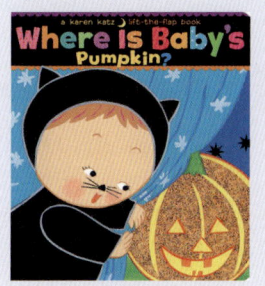

 놀이하며 대화하기

대화를 통해 핼러윈에 대해 더 자세히 알아봅시다. 핼러윈 파티에 입고 갈 옷도 골라야 하고, 귀신들이 찾아올 것에 대비해 방도 꾸며야 합니다. 준비가 다 됐으면 핼러윈을 마음껏 즐겨보세요. 놀이 재료는 195페이지에서 미리 준비해주세요.

 **1** 유령이나 마녀 가면을 쓰고 핼러윈에 대해 이야기합니다. MP3 10-02

 엄마, 핼러윈이 뭐예요?
Mommy, what's Halloween?

 핼러윈은 미국에서 10월 31일에 열리는 기념일이야.
It's a holiday celebrated on October 31 in the United States.

아이들이 가장 좋아하는 날이기도 하지.
It's also children's most favorite day.

 왜요?
Why?

 핼러윈에 아이들이 분장을 하고 집집마다 돌아다니면 사람들이 사탕을 주거든.
On Halloween, they dress up, go to different houses, and get candy.

 저도 사탕을 받고 싶어요!
I want to get some candy, too!

 사탕을 받으려면 'Trick or treat!'이라고 외쳐야 돼.
You'll have to say, "Trick or treat!" to get some.

 저 그거 할 수 있어요. 'Trick or treat!'
I can do that. Trick or treat!

- holiday 공휴일   • celebrate 기념하다   • treat or trick 사탕을 안 주면 장난을 칠 거예요.

 놀이 순서 2 핼러윈 장식 그림들을 준비해 방안 곳곳에 붙입니다.

MP3 10-03

 유령이 우리 집에 올까요?

Will the ghosts come to our house?

 글쎄, 아마도?

Hmm, maybe?

 오, 너무 무서워요!

Oh, that's so scary!

 한아, 네 방을 무섭게 꾸미면 어떨까?

How about decorating your room with scary things, Han?

 유령들이 편안하게 느낄 수 있게요?

To make the ghosts feel at home?

그렇지! 유령들이 먹을 사탕도 준비해놓자.

Exactly! And let's get some candy ready for them.

 방은 어떻게 장식해요?

How do I decorate my room?

 호박등이랑 박쥐 같은 걸 그려서 벽에 붙이자.

Let's draw things like jack-o'-lanterns and bats, and then put them on your walls.

- decorate 장식하다   • feel at home 마음이 편안하다   • get ready 준비를 하다
- jack-o'-lantern 잭오랜턴 (호박에 도깨비 얼굴 모양으로 구멍을 파고 그 안에 촛불을 넣은 등)

놀이순서 3 · 옷장에서 핼러윈 복장을 할만한 옷을 꺼내 입고 포즈를 취합니다. MP3 10-04

그건 그렇고, 한아, 핼러윈 복장 정했어?

Anyway, have you decided on a Halloween costume, honey?

으스스한 거 말고 좀 멋있는 거 입고 싶은데.

I want to wear something cool, not spooky.

슈퍼맨이나 스파이더맨 옷 입고 싶니?

Want to dress up as Superman or Spiderman?

네, 그렇긴 한데 슈퍼히어로 옷을 입어도 돼요?

Yeah, but am I allowed to wear a superhero costume?

그럼. 그 사람들은 힘이 세서 유령을 물리칠 수 있잖아.

Sure, they're strong enough to beat ghosts.

야호! 저는 스파이더맨 할래요!

Yay! I want to be Spiderman!

빨리 스파이더맨 옷 입고 싶어요.

I can't wait to wear a Spiderman suit.

당장 인터넷으로 주문해야겠다.

I'll order it online right now.

- decide on ~을 결정하다
- spooky 으스스한
- superhero 초인적인 능력을 가진 영화 속 영웅이나 인물
- beat ~을 이기다
- suit (한 벌) 옷
- order 주문하다
- online 인터넷으로

Chapter 04. 미술 놀이

카드로 놀기
핼러윈 파티

아이와 핼러윈에 대해 이야기를 나누거나 핼러윈 파티를 준비하면서 사용할 수 있는 말들입니다. 매해 핼러윈이 돌아올 때마다 사용할 수 있으니 많이 연습해두세요.

3. 핼러윈 유령
Will the ghosts come to our house?

6. 인터넷 주문
I'll order it online right now.

2. 핼러윈 사탕
You have to say, "Trick or treat!" to get candy.

5. 핼러윈 복장
Have you decided on a Halloween costume?

1. 핼러윈 파티
Halloween is children's most favorite day.

4. 방 꾸미기
How about decorating your room with scary things?

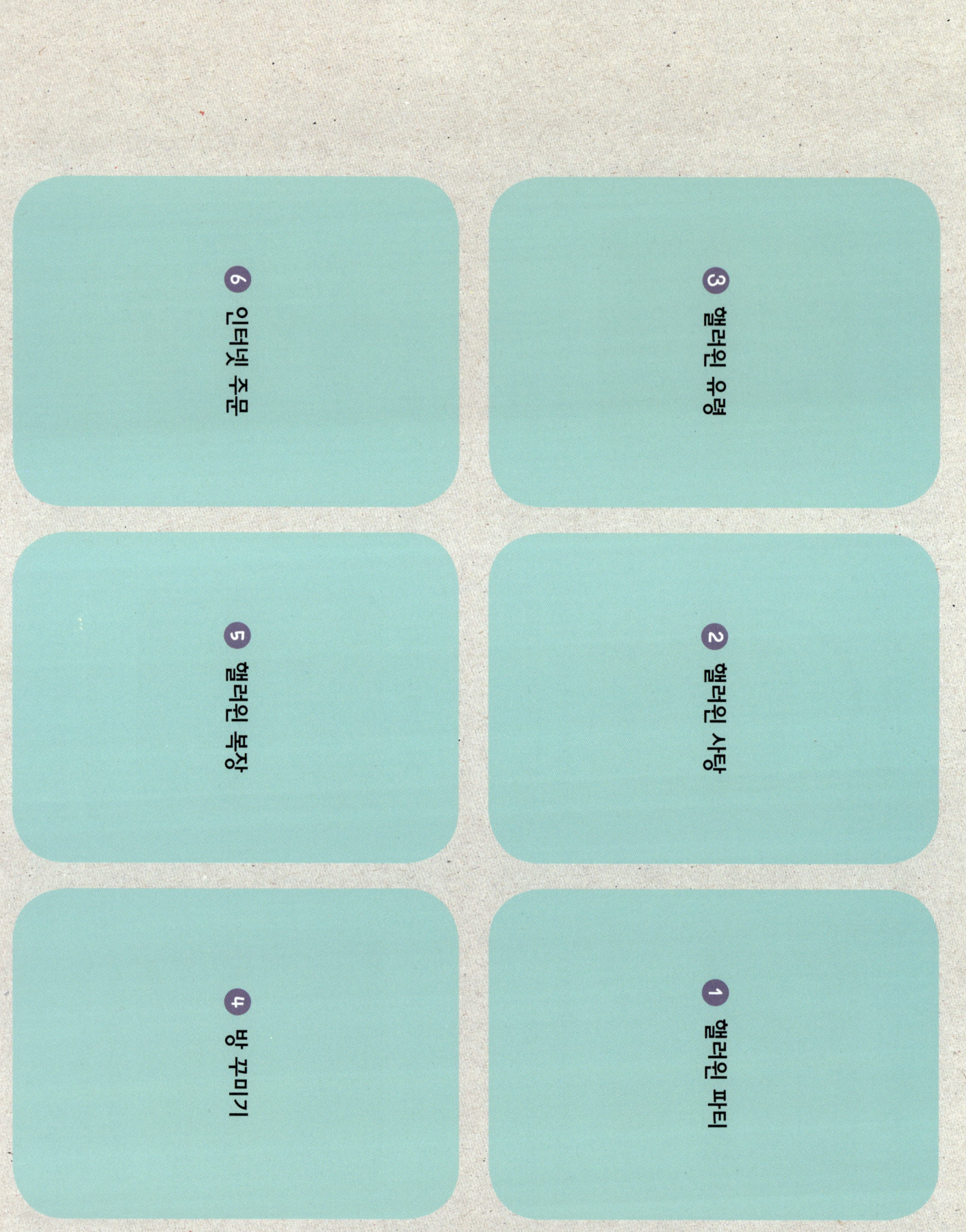

Unit 11. I Want to Be a Princess.

공주가 되고 싶어요.

멋 내는 걸 좋아하는 우리 꼬마 공주 수. 수한테 뭐가 되고 싶은지 물어보면 한 번도 빠지지 않고 '공주'라고 대답합니다. 아기 때부터 치마만 골라 입더니 추운 겨울에도 치마를 입겠다고 하고, 운동하러 갈 때도 치마만 고집합니다. 수는 이제 언니가 됐다고 엄마 화장품과 보석까지 호시탐탐 노리고 있습니다. 엄마 물건을 함부로 만지면 안 되지만 오늘은 특별히 아이에게 예쁜 립스틱도 발라주고 반지와 왕관도 함께 만들어보면 어떨까요?

엄마랑 대화하기 MP3 11-01

엄마 화장대에서 뭐해, 수?	What are you doing at Mommy's vanity, Sue?
아무 것도 아니에요.	Nothing.
또 화장품 가지고 노는 거야?	Are you playing with makeup again?
엄마, 이 립스틱 한 번 발라보고 싶어요.	Mom, I just want to try this lipstick on.
애들은 바르는 거 아닌데, 이번만 허락해줄게.	That's not for kids, but I'll let you only this time.
고마워요, 엄마! 저 어때요? 예뻐요?	Thanks, Mom! How do I look? Pretty?

- vanity 화장대   • makeup 화장품, 화장   • try on 해보다   • lipstick 립스틱

함께 읽으면 좋은 그림책

My Mommy's Tote by P. H. Hanson   권장 연령 : 3~6세

공주를 소재로 한 책이 너무 많아서 무엇을 소개할지 고민하다가 방향을 조금 틀어보니 이 책이 떠올랐습니다. 엄마의 가방을 소재로 한 책으로 실제 엄마의 가방에서 볼 수 있는 물건들이 담겨 있습니다. 종이로 된 가방이지만 손잡이는 천으로 되어 있고 종이가 두껍고 딱딱해서 아이들이 진짜 가방처럼 들고 다닐 수 있습니다. 아이와 함께 가방을 들여다보면서 그 속에 담긴 지갑, 휴대폰, 화장품, 반지, 수첩 등 여러 가지 물건에 대해 이야기를 나눠보세요. 예쁜 걸 좋아하는 공주들한테는 아마도 최고의 선물이 되지 않을까요?

 놀이하며 대화하기

꼬마 공주가 화장대에서 놀다가 엄마와 마주치는 장면을 대화로 꾸몄습니다. 아이는 엄마의 화장품과 액세서리에 관심을 보이더니, 결국 드레스로 갈아입고 왕관까지 만들어 쓰고는 왕자님과 결혼식을 올리겠다고 합니다. 이번 놀이 대화에서는 왕관을 직접 만드는 과정이 들어있으니 203페이지의 재료를 미리 준비해주세요.

 아이에게 립스틱을 살짝 발라주고 반지를 손가락에 끼워주세요. MP3 11-02

 수는 왜 더 예뻐지고 싶어?
Why do you want to get prettier?

 공주가 되려고요!
To be a princess!

엄마, 저 이 반지 껴봐도 될까요?
Mommy, may I try this ring on?

 어떤 반지? 어머, 내 결혼반지를 골랐네!
Which ring? Oh, you picked my wedding ring!

 결혼할 때 아빠가 주신 거예요?
Daddy gave it to you when you got married?

 응, 맞아.
Yes, that's right.

이 반지를 손가락에 끼워드릴까요, 수 공주님?
Would you like me to put this ring on your finger, Princess Sue?

 네, 가운뎃손가락에 끼워주세요.
Yes, on the middle finger, please.

- princess 공주 • wedding ring 결혼반지
- put a ring on somebody's finger ~의 손가락에 반지를 끼우다
- middle finger 가운뎃손가락(중지)

 집에 있는 제일 예쁜 드레스를 골라 입고 멋지게 포즈를 취합니다.

 이제 드레스를 입어야 해요!

Now I need to wear a dress!

 드레스? 갑자기 왜?

A dress? Why all of a sudden?

 드레스 입고 결혼식 하려고요.

I'll have a wedding after putting on the dress.

참, 왕관 쓰는 거 깜박할 뻔했다.

Oh, I almost forgot to wear a crown.

 소피아 공주한테 빌리면 되겠다.

You can borrow that from Princess Sophia.

 그건 저한테 너무 작아요.

That's way too small for me.

음, 그럼 네 왕관을 직접 만들자!

Hmm, then let's make your very own crown!

- wear 입다, 쓰다
- all of a sudden 갑자기
- have a wedding 결혼식을 하다
- almost 거의
- crown 왕관
- borrow ~을 빌리다
- way too small 너무 작은

Unit 11. I Want to Be a Princess.   081

203페이지의 왕관 만들기 재료를 미리 준비하고 대화의 순서에 맞게 왕관을 만들어보세요.

MP3 11-04

여기 왕관 틀이 있어.

Here's a **template** to make a crown.

엄마, 제가 먼저 왕관 틀을 모두 색칠할게요.

Let me **color** all the pieces first, Mom.

그다음에 보석으로 장식도 할 수 있어.

Then you can **decorate** it with some **jewels**, too.

우와, 멋지겠는데요.

Wow, that'll be cool.

그다음엔, 틀을 오려서 모두 이어 붙이자.

After, let's **cut out** the template pieces and **glue** them together.

다 했어요, 엄마. 그다음은요?

I'm done, Mommy. What's next?

왕관을 머리에 대고 머리에 맞게 길이를 정확히 재봐.

Put the crown around your head to **measure** the right **length**.

마지막으로, 왕관 양쪽 끝을 풀로 붙이고.

Finally, glue the two **ends** of the crown together.

- template 틀
- color 색칠하다
- decorate 꾸미다
- jewel 보석
- cut out 오려내다
- glue 풀로 붙이다
- measure 측정하다
- length 길이
- end 끝

카드로 놀기
왕관 만들기

왕관 만드는 순서를 카드로 정리했습니다. 왕관을 만들 때뿐만 아니라 색칠하기, 오리기, 풀칠하기 등 미술 활동에 필요한 기본 표현들이 들어 있으니 잘 익혀 두었다가 활용해보세요.

③ 오리기
Cut out the template pieces.

⑥ 왕관 완성
Glue the two ends of the crown together.

② 색칠하기
Color all the pieces first.

⑤ 길이 맞추기
Put the crown around your head to measure the right length.

① 왕관 틀
Here's a template to make a crown.

④ 풀로 붙이기
Glue them together.

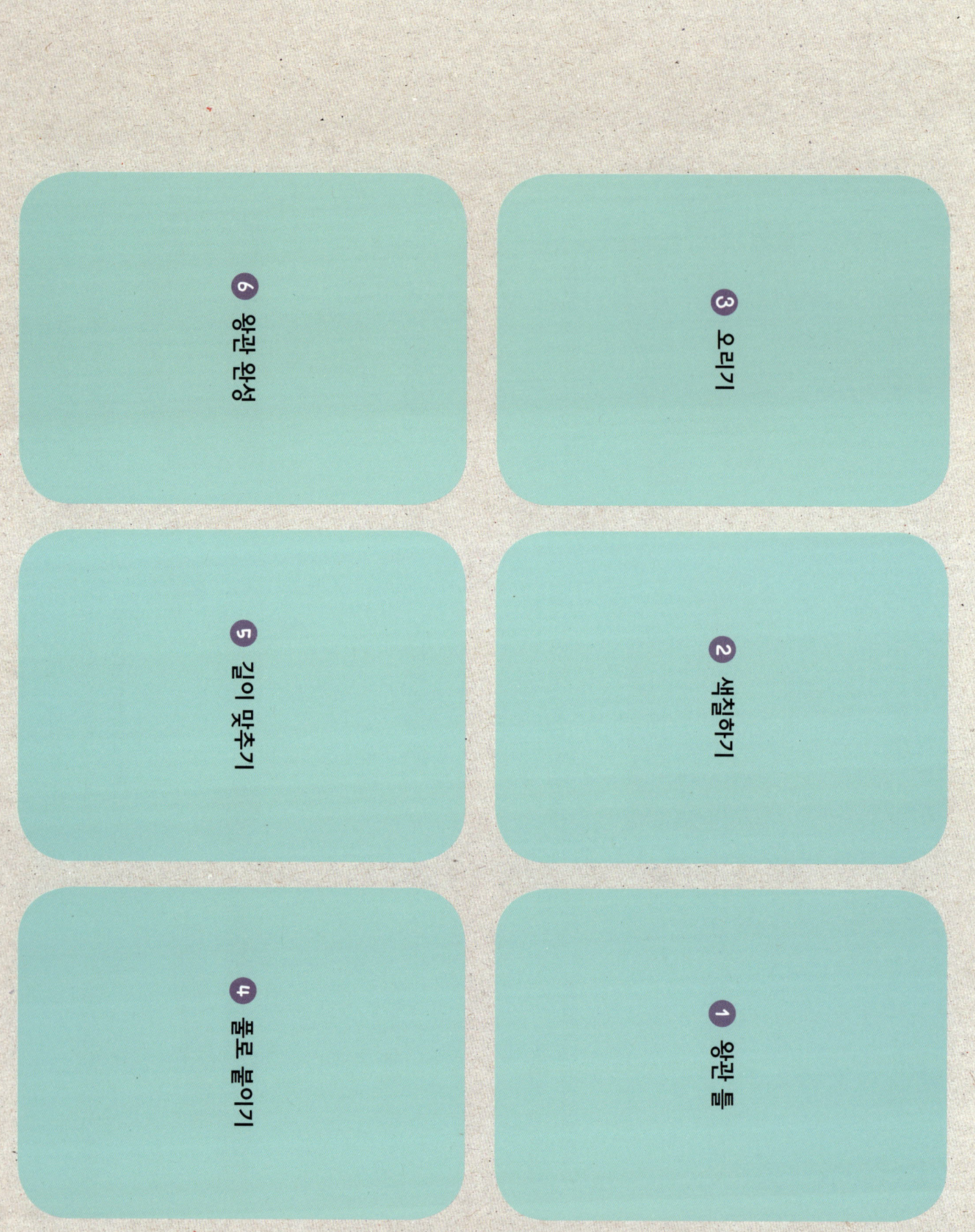

Unit 12 Vincent van Gogh

빈센트 반 고흐

밤에 자기 전에 책을 꼭 10권씩 읽고, 유치원에서 돌아오면 책상 위에 놓인 스케치북에 무엇이든 그리는 걸 좋아하는 한이. 책과 그림을 좋아하는 한이에게 엄마는 명화책을 보여주고 싶지만, 한이는 도통 관심을 보이지 않습니다. 평소 파란색으로 자동차만 그리던 한이가 오늘은 웬일인지 해바라기를 그리고 있는데요. 이런 한이를 보고 엄마는 그동안 생각만 했던 계획을 실행에 옮기기로 합니다. 한이처럼 해바라기를 사랑한 고흐 아저씨 이야기를 들려주고, 아저씨의 그림을 모아서 책도 직접 만드는 것! 과연 우리 한이가 잘 따라와 줄까요?

엄마랑 대화하기

MP3 12-01

한아, 뭐 그려?	What are you drawing, Han?
해바라기요.	Sunflowers.
한이는 장미를 제일 좋아하지 않아?	Don't you like roses the most?
저 해바라기도 좋아해요.	I like sunflowers, too.
어떤 색으로 칠할 거야?	What color will you paint them?
노란색이요!	Yellow!

• draw 그리다   • sunflower 해바라기   • paint 칠하다

함께 읽으면 좋은 그림책

In the Garden with Van Gogh
by Julie Merberg, Suzanne Bober

권장 연령 : 3~12세

Mini Masters (작은 명화책) 시리즈 중 하나이며, 보드북으로 아이들 손에 잡힐만한 작은 크기입니다. 『해바라기』부터 『아이리스』, 『올리브 나무 숲』, 『올리브를 따는 여인들』, 『씨 뿌리는 사람』, 『수확하는 사람』, 『프로방스의 짚단』, 『낮잠』, 『첫걸음』, 『별이 빛나는 밤』까지 고흐의 작품 10점이 책에 담겨있습니다. 작가는 그림에 대한 설명이 아닌 그림에 대한 느낌을 시처럼 아름답게 풀어냅니다. 우리에게 많이 알려진 고흐의 작품을 볼 수 없다는 아쉬움은 있지만 우리말로 번역된 책이 있어서 함께 사용한다면, 자칫 영어로 접근하기 힘든 명화책을 탐독하는데 도움이 될 것입니다.

빈센트 반 고흐에 대해 본격적으로 이야기를 나눠보세요. 대화를 시작하기 전에 아이가 직접 해바라기 그림을 그린다면 자신의 그림과 고흐의 그림을 비교할 수 있고, 자신이 마치 화가가 된 듯한 느낌을 받을 수도 있겠죠. 놀이 재료는 207페이지에서 미리 준비해주세요.

 **1** 고흐의 자화상과 해바라기 그림을 보면서 이야기를 시작합니다. MP3 12-02

한아, 해바라기 좋아한다고 했지?
Honey, you said you like sunflowers, right?

네, 장미가 제일 좋고, 그다음이 해바라기요.
Yes, roses are my favorite and then sunflowers.

우리 한이처럼 해바라기를 사랑한 화가가 있어.
There's a painter who loved sunflowers just like you.

그 화가가 누군데요?
Who is the painter?

빈센트 반 고흐라고, 네덜란드의 화가야.
Vincent van Gogh, a Dutch painter.

봐봐, 이 아저씨가 빈센트 반 고흐야.
Look, this is Vincent van Gogh.

근데 이 아저씨, 할아버지 같아요.
But he looks like a grandpa.

사실은 나이가 그렇게 많지 않은데, 가난하고 힘들게 살아서 나이 들어 보이는 거야.
Actually, he is not that old but looks old because he was poor and had a tough life.

- favorite 가장 좋아하는 것 • painter 화가 • Dutch 네덜란드의 • poor 가난한 • tough 힘든

 아이와 함께 고흐의 나머지 그림도 하나씩 살펴보면서 이야기를 나눕니다.

 엄마, 해바라기가 있어요!

Mommy, I see sunflowers!

 고흐 아저씨의 노란 해바라기 그림은 나를 언제나 즐겁게 해준단다.

His yellow sunflower painting always makes me happy.

 이 집도 노란색이에요.

This house is yellow, too.

 이건 고흐 아저씨의 방인데, 여기서 훌륭한 그림을 많이 그렸어.

And this is van Gogh's room, where he worked on many great paintings.

 와, 이 그림에는 아기가 있네요.

Oh, there's a baby in this picture.

 맞아. 아기가 꼭 첫걸음마를 떼는 것 같다. 정말 귀여워!

Yeah, she seems to be taking her first steps. She's so cute!

 엄마, 이 동그라미들은 뭐예요?

What are these circles, Mom?

 여기 달 보여? 그래서 엄마 생각엔 빙글빙글 돌고 반짝이는 별들 같아.

Do you see the moon here? So, I think they're swirling and glittering stars.

- painting (물감으로 그린) 그림
- work on 작업하다
- take a step 발을 내딛다
- swirl 빙빙 돌다
- glitter 반짝반짝 빛나다

 3 고흐의 작품을 담은 아코디언북을 직접 만들어봅니다. MP3 12-04

 한아, 고흐 아저씨 그림으로 책 만들래?

Han, do you want to make a book of van Gogh's paintings?

여기 아코디언북 틀이 있어. 선을 따라서 접어봐.

Here's an accordion book template. Fold the paper along the lines.

 이렇게 하는 거 맞아요, 엄마?

Am I doing it right, Mom?

 응, 그런데 한 번은 안쪽으로, 한 번은 바깥쪽으로 접어야 돼.

Yes, but you have to fold it inward, then outward.

 아, 알겠어요.

Ah, got it.

 그다음엔 종이 위에 그림을 붙여. 한 칸에 하나씩 붙여야 해.

Then glue the pictures on the paper, one piece in each section.

겉표지에는 그림을 그리거나 네 이름을 써 넣어도 돼.

You can draw something or write your name on the cover.

 엄마, 저 성공했어요! 내 책이다, 야호!

I made it, Mommy! It's my book, yay!

- fold ~을 접다   • along the line 선을 따라서   • inward 안쪽으로
- outward 바깥쪽으로   • get it 이해하다   • glue ~에 풀로 붙이다
- section 부분, 구획   • cover 겉 표지   • make it 성공하다, 해내다

카드로 놀기
빈센트 반 고흐

네덜란드 출신의 후기 인상주의 화가 빈센트 반 고흐(Vincent van Gogh, 1853~1890)의 작품입니다. 그의 그림은 선명한 색채와 강렬한 이미지를 담고 있으면서도 따뜻함이 느껴져서 참 좋습니다. 집안 곳곳에 붙여두고 아름다운 그림을 감상하고 아이와 함께 작가에 대해 이야기도 나눠보세요.

1 자화상

This is Vincent van Gogh.

2 해바라기

His yellow sunflower painting always makes me happy.

3 노란 집

This house is yellow, too.

4 고흐의 방

He worked on many great paintings in this room.

5 첫걸음

The baby seems to be taking her first steps.

6 별이 빛나는 밤

The stars are swirling and glittering.

3 노란 집

6 별이 빛나는 밤

2 해바라기

5 첫걸음

1 자화상

4 고흐의 방

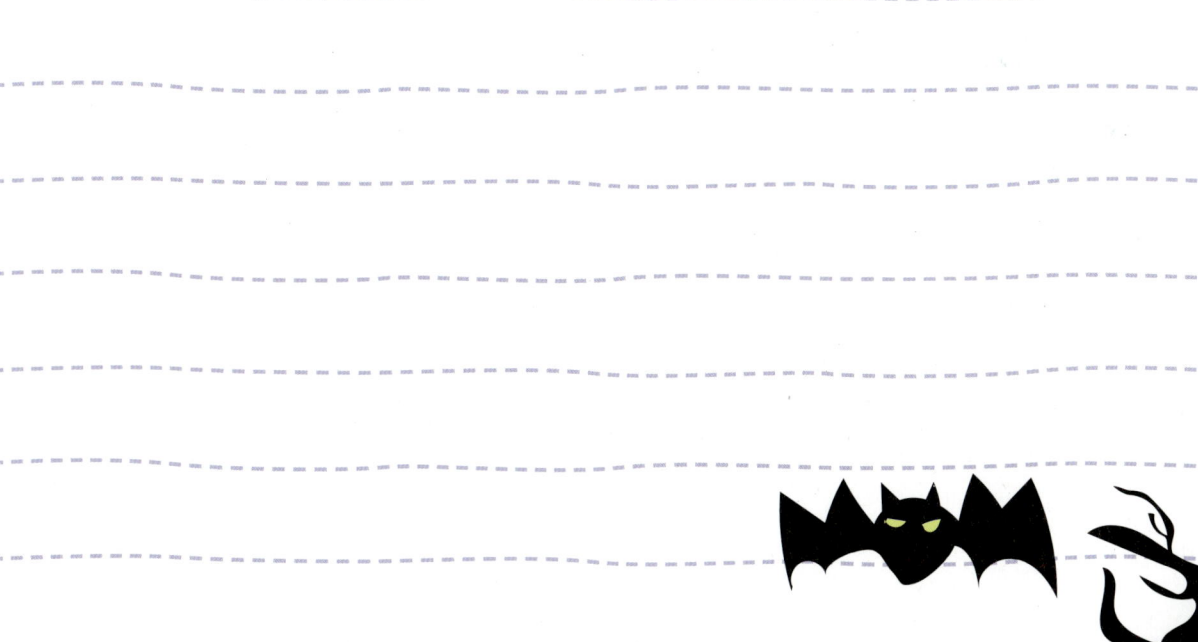

Mom'n
English
Playground

CHAPTER 05

요리하기

Unit 13 Happy Birthday, Daddy!
아빠, 생일 축하해요! 생일 케이크 만들기

Unit 14 Yummy Rice Balls
맛있는 주먹밥 주먹밥 만들기

Unit 15 Homemade Lemonade
집에서 만든 레모네이드 레모네이드 만들기

Unit 13. Happy Birthday, Daddy!

아빠, 생일 축하해요!

오늘은 아빠의 생일. 생일 파티를 해야 하는데 파티에서 빠질 수 없는 한 가지가 있습니다. 바로 케이크! 수도 달콤한 케이크를 참 좋아하는데요, 사 먹는 케이크는 달아도 너무 답니다. 이럴 때 우리 걱정쟁이 엄마는 이렇게 말하지 않을까요? "수야, 우리가 케이크를 직접 만들어 보면 어떨까? 아빠가 정말 좋아하실 거야." 매년 돌아오는 가족의 생일. 모양은 반듯하지 않겠지만 사랑이 듬뿍 담긴 케이크를 직접 만들어보세요.

엄마랑 대화하기 MP3 13-01

오늘 버스가 일찍 왔네.	The bus came **early** today.
엄마!	Mommy!
안녕, 우리 딸! 유치원 잘 다녀왔어?	Hi, sweetie! How was school today?
재미있었는데, 엄마 보고 싶었어요.	It was fun, but I **missed** you.
나도 그랬단다.	I did, too.
엄마, 오늘 아빠 생일 아니에요?	Mom, today is Daddy's **birthday**, isn't it?

• early 일찍   • miss 보고 싶어하다   • birthday 생일

함께 읽으면 좋은 그림책

It's My Birthday by Helen Oxenbury   권장 연령 : 3~5세

미리 말씀 드리면 출간된 지 20년 이상 된 오래된 책입니다. 생일을 맞은 아이가 케이크를 만들기 위해 동물 친구들에게 재료를 하나씩 얻어서 케이크를 완성하는 내용입니다. 재료가 점점 더 쌓이는 것처럼 문장도 조금씩 쌓여가는 구조이고, 같은 문장이 반복되기 때문에 쉽게 따라 할 수 있습니다. 또 동물과 음식에 관한 단어가 반복적으로 등장하기 때문에 아이들이 인지하기도 쉽습니다. 우리 대화도 생일 케이크를 만드는 과정을 담고 있으니 요리 활동을 하고 나서 이 책으로 마무리하면 어떨까요?

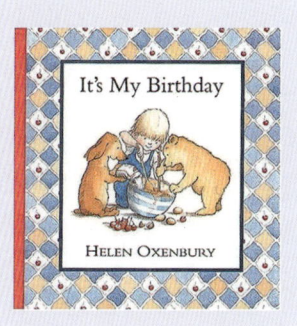

 놀이하며 대화하기

생일 케이크를 직접 만들어봅시다. 대화 속에 케이크를 만드는 방법이 들어있으니 213페이지의 놀이 재료를 미리 준비해주세요. 이번에는 종이로 연습하지만 진짜 생일에는 재료를 직접 사서 케이크를 만들어보세요.

 케이크 재료를 준비하고 각 재료의 이름을 말해봅니다. MP3 13-02

 엄마, 우리 아빠 생일파티 해요!

Mom, let's have a party for Daddy!

 파티 하려면 뭐가 필요할까?

What will we need for the party?

 케이크요!

A cake!

 맞아. 수야, 우리가 케이크를 직접 만들어보면 어때?

Right. Sue, why don't we make our own cake?

 좋아요! 그런데 어떻게요?

Yes! But how?

 사실, 엄마가 케이크 재료를 미리 사다놨어.

Actually, I bought ingredients for a cake in advance.

 정말이요? 뭐 사셨어요?

Really? What did you buy?

 식빵이랑 생크림이랑 과일.

Sandwich bread, whipped cream, and fruits.

- have a party 파티를 하다
- ingredient 재료
- in advance 미리
- sandwich bread 식빵
- whipped cream (이미 만들어진) 생크림

 **2** 식빵 위에 생크림을 바르고 과일을 올립니다.

 먼저, 바나나 껍질을 벗기고 얇게 썰어줘.
First, peel the banana and slice it.

 식빵은요?
What about the bread?

 빵 끝을 잘라야 하는데. 할 수 있겠니?
The crusts should be cut off. Can you do that?

 한번 해볼게요.
I'll try.

 이제 재료 준비가 다 됐어.
Now we've got all of the ingredients ready.

수야, 빵 위에 생크림을 발라줘.
Sue, please spread the whipped cream on the bread.

 이 과일들은 어떻게 해요?
What should I do with these fruits?

 크림 위에 올리고, 이 과정을 두 번 반복해서 케이크를 높게 쌓아봐.
Place them on top of the cream, and repeat this step twice to make the cake tall.

- peel 껍질을 벗기다 • slice 얇게 썰다 • crust 빵 껍질 • cut off ~을 잘라내다
- get something ready ~을 준비시키다 • spread 펴 바르다 • repeat 반복하다 • step 과정

놀이 순서 3 완성된 케이크에 양초를 꽂습니다.　　MP3 13-04

 이제 케이크를 마무리해보자.
Let's put the final touches to the cake.

 우리 벌써 다 했어요?
We're finished already?

 거의. 케이크 전체에 생크림을 발라야 해.
Almost. You need to spread the whipped cream all around the cake.

 케이크에 양초도 꽂을 거예요.
I'll put candles on the cake, too.

 수야, 오늘 정말 잘했어. 우리 딸 다 컸네!
You did a really good job today, Sue. You're all grown up!

 히히. 고마워요, 엄마.
He-he. Thanks, Mom.

 어, 초인종 울린다. 아빠 오셨나 봐.
Oh, the doorbell rings. It must be Daddy.

 철컥. 아빠, 생일 축하해요!
Clank. Happy birthday, Daddy!

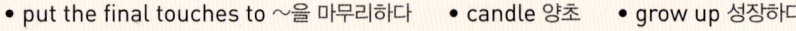

- put the final touches to ~을 마무리하다   • candle 양초   • grow up 성장하다
- door bell 초인종   • ring 울리다   • clank 문이 '철컥' 열리는 소리

카드로 놀기
케이크 만들기

식빵으로 간단하게 케이크 만드는 방법을 카드로 정리했습니다. 이번 요리에서 사용된 slice (얇게 썰기), cut off (잘라내기), spread (퍼 바르기) 등 요리법을 기억해주세요.

③ 식빵 위에 생크림 바르기

Spread the whipped cream on the bread.

⑥ 양초 꽂기

Put candles on the cake.

② 식빵 가장자리 잘라내기

Cut the crusts off the bread.

⑤ 겉면에 생크림 바르기

Spread the whipped cream all around the cake.

① 과일 썰기
Slice the fruits.

④ 과일 올리기

Place the fruits on top of the cream.

3 식빵 위에 생크림 바르기	6 양초 꽂기
2 식빵 가장자리 잘라내기	5 겉면에 생크림 바르기
1 과일 썰기	4 과일 올리기

Unit 14. Yummy Rice Balls 맛있는 주먹밥

오늘은 한이가 감기에 걸려서 유치원에 못 갔어요. 아픈 것도 문제지만 목이 많이 부어서 열이 나고 통 먹지를 못합니다. 밥을 먹어야 약을 먹고 감기도 나을 텐데, 어떻게 해야 한이가 입맛을 되찾을 수 있을까요? 평소 한이는 밥 먹는 걸 좋아하지 않지만 엄마랑 함께 만든 음식은 곧잘 먹습니다. 그래서 엄마는 한이와 시간도 보낼 겸, 밥도 먹일 겸, 주먹밥을 만들기로 합니다. 아이와 함께 요리하면서 아이가 음식 재료를 직접 확인하고, 요리하는 즐거움과 수고로움도 느낄 수 있게 해주세요.

엄마랑 대화하기   MP3 14-01

한아, 괜찮아?	Are you all right, Han?
별로 안 괜찮아요.	I don't feel very well.
아침 먹을 수 있겠어?	Can you eat your breakfast?
못 먹을 것 같은데요.	I don't think I can.
음, 그래도 밥을 먹고 나서 약 먹어야 하는데.	Hmm, but you should take your medicine after a meal.
목이 아파요.	My throat is sore.

• all right 괜찮은   • medicine 약   • throat 목   • sore 아픈, 따가운

함께 읽으면 좋은 그림책

Growing Vegetable Soup
by Lois Ehlert

권장 연령 : 3~7세

채소를 직접 길러서 수프를 만들어 먹는 과정을 담은 책입니다. 이 책에는 채소를 심는 데 필요한 도구와 채소의 종류, 채소를 기르고 재배해서 수프를 만드는 과정이 상세하고 친절하게 들어있습니다. 이 짧은 책 속에 어떻게 이 모든 것을 담았는지 신기하기만 합니다. 이 책 역시 출간된 지 30년 가까이 됐지만, 색과 그림이 선명하고 글과 그림의 배치가 세련되어 세월의 흔적이 거의 느껴지지 않습니다. 또 책 마지막에 채소 수프 만드는 방법이 보너스로 들어있으니 참고해서 직접 만들어보세요.

 놀이하며 대화하기

재료를 준비해서 주먹밥을 만들어봅시다. 대화 속에 주먹밥 만드는 과정이 들어 있으니 221페이지의 놀이 재료를 미리 준비해서 활용해보세요.

 주먹밥 재료를 준비하고 각 재료의 이름을 말해봅니다. MP3 14-02

 한이 오늘 아파서 유치원에 못 갔네.

You missed school today because you got sick.

그래도 엄마랑 같이 놀아서 좋아요. 히히.

But I'm happy to play with you. He-he.

오늘 우리 뭐할까?

What should we do today?

밖에서 놀아요!

Let's play outside!

 오늘은 안 돼. 아픈 거 잊었어?

Not today. You're sick, remember?

 안에서 노는 거 재미없는데.

It's no fun playing indoors.

 아하! 한아, 우리 같이 요리하는 건 어때?

Aha! How about cooking together, Han?

 재미있을 것 같아요! 저 요리하는 거 좋아해요.

That would be fun! I like cooking.

• miss school 학교를 빠지다 • outside 밖에서 • indoors 실내에서

 채소와 소고기를 칼로 다지듯 가위로 잘게 잘라주세요.

 어디 보자. 밥은 벌써 해놨으니까 채소랑 갈은 소고기만 있으면 되겠다.

Let's see. Since we already have steamed rice, we just need some vegetables and ground beef.

 제가 냉장고를 확인해볼게요.

I'll check the fridge.

 한아, 양파, 당근, 버섯, 파프리카 좀 꺼내줄래?

Han, can you please take out an onion, a carrot, a mushroom and a bell pepper?

 네, 엄마! 이제 필요한 재료가 다 있어요!

Yes, Mom! Now we've got everything we need!

엄마, 시작해요!

Let's start, Mommy!

 좋아. 먼저, 농약이 빠져나가게 채소를 물에 담가두자.

Okay. First, let's soak the vegetables in the water to wash away the pesticides.

 오래 기다려야 돼요?

Do we have to wait for long?

 조금만 더 참아줘, 한아. 기다리는 동안 소금으로 소고기 밑간을 하자.

Be more patient, Han. Let's season the beef with salt while we wait.

- steamed rice 밥 • vegetable 채소 • ground beef 갈은 쇠고기 • check 확인하다 • fridge 냉장고
- take out ~을 꺼내다 • onion 양파 • carrot 당근 • mushroom 버섯 • bell pepper 파프리카
- soak ~을 담그다 • pesticide 농약 • season 양념하다 • salt 소금

 놀이순서 3 밥 위에 잘게 자른 재료를 붙여서 원하는 모양의 주먹밥을 만듭니다.   MP3 14-04

 여기 플라스틱 칼. 한아, 채소 잘게 다질 수 있어?
This plastic knife is for you.
Can you chop the vegetables, Han?

 네, 그럼요.
Yes, sure.

 엄마는 채소랑 소고기를 볶을 거야.
I'll stir-fry the vegetables and the beef.

 그다음에 밥이랑 다 섞어요?
Then we mix everything with rice?

 응, 맞아! 그리고 참기름이랑 소금을 넣으면 더 좋겠다.
That's right! Also, we'd better add some sesame oil and salt.

 그리고 드디어 주먹밥을 만드는 거예요? 야호!
Then we finally make rice balls? Yay!

 나 벌써 하나 만들었는데. 먹어볼래?
I've already made one. Want to taste it?

 네, 네! 음, 최고로 맛있는 주먹밥이에요!
Yes, yes! Mmm, it's the best rice ball ever!

• chop 다지다   • stir-fry 볶다   • mix 섞다   • sesame oil 참기름   • taste 맛보다

카드로 놀기
주먹밥 만들기

우리가 평소에 가장 쉽게 만들어 먹는 주먹밥입니다. 아무리 간단한 요리라도 아이와 함께하는 건 쉽지 않겠지만 아이가 즐거워하는 모습을 상상하면서 도전해보세요. 요리할 때 카드를 잘 보이는 곳에 붙여두고 이야기하는 것도 잊지 마세요!

3. 고기와 채소 볶기 — Stir-fry the vegetables and the beef.

6. 주먹밥 만들기 — Make rice balls.

2. 고기 밑간과 채소 다지기 — Season the beef with salt and chop the vegetables.

5. 양념 추가 — Add some sesame oil and salt if needed.
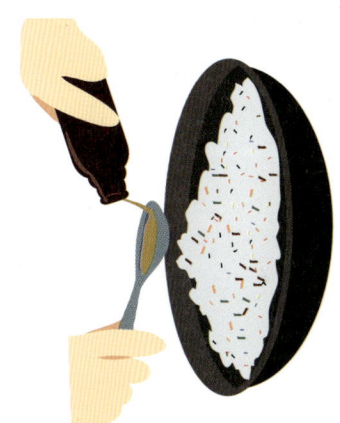

1. 채소 물에 담그기 — Soak the vegetables in the water.

4. 재료 섞기 — Mix everything with rice.

1. 채소 물에 담그기
2. 고기 밑간과 채소 다지기
3. 고기와 채소 볶기
4. 재료 섞기
5. 양념 추가
6. 주먹밥 만들기

Homemade Lemonade
집에서 만든 레모네이드

무더운 여름날입니다. 너무 더워서 밖에서 놀 수도 없고, 조금 선선해질 때까지 집에서 시간을 보내야 하는데, 집도 덥기는 마찬가지입니다. 너무 더워서 그런지 수는 요즘 아이스크림을 먹고 또 먹으려고 합니다. 무더운 날에 아이스크림 대신 시원하고 달콤하게, 간단하면서도 건강하게 만들어 먹을 수 있는 음료, 뭐 없을까요? 바로 레모네이드! 엄마도 아이도 맛있게 먹을 수 있는 레모네이드를 후다닥 만들어봅시다.

엄마랑 대화하기 MP3 15-01

휴, 오늘 진짜 덥다.	Phew, today is especially hot.
그래서 말인데요, 저 아이스크림 먹어도 돼요?	So, I'm wondering, can I have some ice cream?
벌써 하나 먹었잖아.	You already had one.
딱 한 개만 더 먹으면 안 돼요, 엄마?	Can I just have one more, Mommy?
안 돼. 안 된다고 했어.	No, I said no.
알았어요. 자꾸 물어봐서 미안해요.	Okay, sorry to keep asking you.

• phew 휴 (덥고 지칠 때) • especially 특히

함께 읽으면 좋은 그림책

Maisy Makes Lemonade
by Lucy Cousins

권장 연령 : 3~7세

어느 더운 날 메이지가 레모네이드를 마시고 있습니다. 그런데 친구 에디도 너무 덥다고 하네요. 그래서 레모네이드를 나눠 먹으려고 하는데 코끼리인 에디가 먹기엔 양이 너무 적습니다. 결국 메이지는 에디도 먹을 수 있을 만큼 많은 양의 레모네이드를 만들기로 합니다. 이후 메이지와 에디가 레모네이드를 어떻게 만드는지 이야기가 펼쳐지는데요. 책 속에는 레모네이드 만드는 과정이 쉽고 재미있게 담겨 있어서 책을 읽고 나면 직접 만들어보고 싶은 마음이 생길 겁니다. 다음 웹사이트에 접속하면 메이지 책과 동영상을 만날 수 있습니다.

http://www.maisyfunclub.com

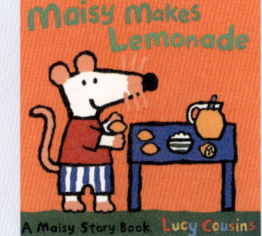

 **놀이하며 대화하기**

레모네이드를 직접 만들 차례입니다. 음료를 만드는 방법이 대화 속에 들어 있으니 229페이지의 놀이 재료를 미리 준비해서 순서에 맞게 만들어보세요. 또 음료의 재료인 레몬, 물, 설탕 시럽의 맛에 대해서도 이야기를 나눠보세요.

 **1** 레모네이드 만들 재료와 도구를 준비합니다. MP3 15-02

수야, 아직도 더워?
Are you still hot, Sue?

네, 계속 땀이 나요.
Yes, I keep sweating.

시원한 음료수 만들까?
Want to make a cold drink?

너무 더워서 아무것도 하기 싫은데.
I don't feel like doing anything because it's too hot.

만들기도 쉽고, 금방 만들어.
It's fast and easy to make.

알겠어요, 어떤 음료수인데요?
Okay, what kind of drink is it?

바로 짜 마시는 레모네이드!
It's freshly squeezed lemonade!

와, 맛있을 것 같아요!
Oh, it sounds delicious!

• sweat 땀을 흘리다 • drink 음료 • feel like doing something ~하고 싶다 • freshly 갓 ~한 • squeeze 짜다

 2 레몬을 반으로 자르고, 레몬 맛에 대해 이야기합니다. MP3 15-03

 수야, 이 레몬을 반으로 잘라줄래?
Sue, can you please cut this lemon in half?

 너무 딱딱해서 안 잘라져요.
It's too hard to cut.

 엄마랑 같이 해보자.
Let's do it together.

 엄마, 레몬 한 번 먹어봐도 돼요?
Can I taste the lemon, Mom?

 엄마가 입에 한 방울 짜서 넣어줄게.
I'll squeeze a drop of it into your mouth.

 웩! 이거 진짜 시어요!
Yuck! It's super sour!

 호호. 레몬즙은 물에 타 먹어야 해.
Ho-ho. Lemon juice should be mixed with water.

 겉으로 보기에 진짜 맛있어 보였는데.
But it looked so delicious.

• cut something in half ~을 반으로 자르다 • taste 맛보다 • a drop of something ~의 한 방울 • super 정말 • sour (맛이) 신

 컵에 레몬즙을 짠 뒤 물, 설탕 시럽, 얼음을 넣고 저어줍니다. MP3 15-04

 수야, 레몬 짤 준비됐니?

Ready to squeeze the lemon, Sue?

 네, 저한테 주세요! 꾹꾹.

Yes, please give it to me! *Squeeze, squeeze.*

 잘했어, 수.

Good job, Sue.

 컵에 물을 부을까요?

Should I pour some water into the cup?

 아니 아직. 씨를 먼저 제거해야 돼.

Not yet. We need to first take out the seeds.

이제 마지막 단계가 남아 있어. 설탕 시럽을 넣어서 주스를 달콤하게 만들자.

We have one last step. Let's add some sugar syrup to sweeten the juice.

 얼음도 넣어도 돼요?

Can I add some ice cubes, too?

 그럼. 이제 잘 저어서 레모네이드를 마시면 돼.

Sure. Now you can stir well and drink the lemonade.

- pour ~을 붓다
- take out ~을 제거하다
- seed 씨
- step 단계
- sweeten 달게 하다
- ice cube 얼음 조각
- stir 젓다

카드로 놀기
레모네이드 만들기

무더운 여름날 시원하게 마실 수 있는 레모네이드입니다. 만드는 방법도 간단하니 아이와 함께 만들어서 시원하고 달콤하게 즐겨보세요.

① 레몬 반으로 자르기

Cut the lemon in half.

② 레몬 짜기

Squeeze the lemon.

③ 씨 제거하기

Take out the seeds.

④ 레몬즙에 물 섞기
Mix the lemon juice with water.

⑤ 설탕 시럽과 얼음 넣기

Add some sugar syrup and ice cubes.

⑥ 저어서 마시기

Stir well and drink.

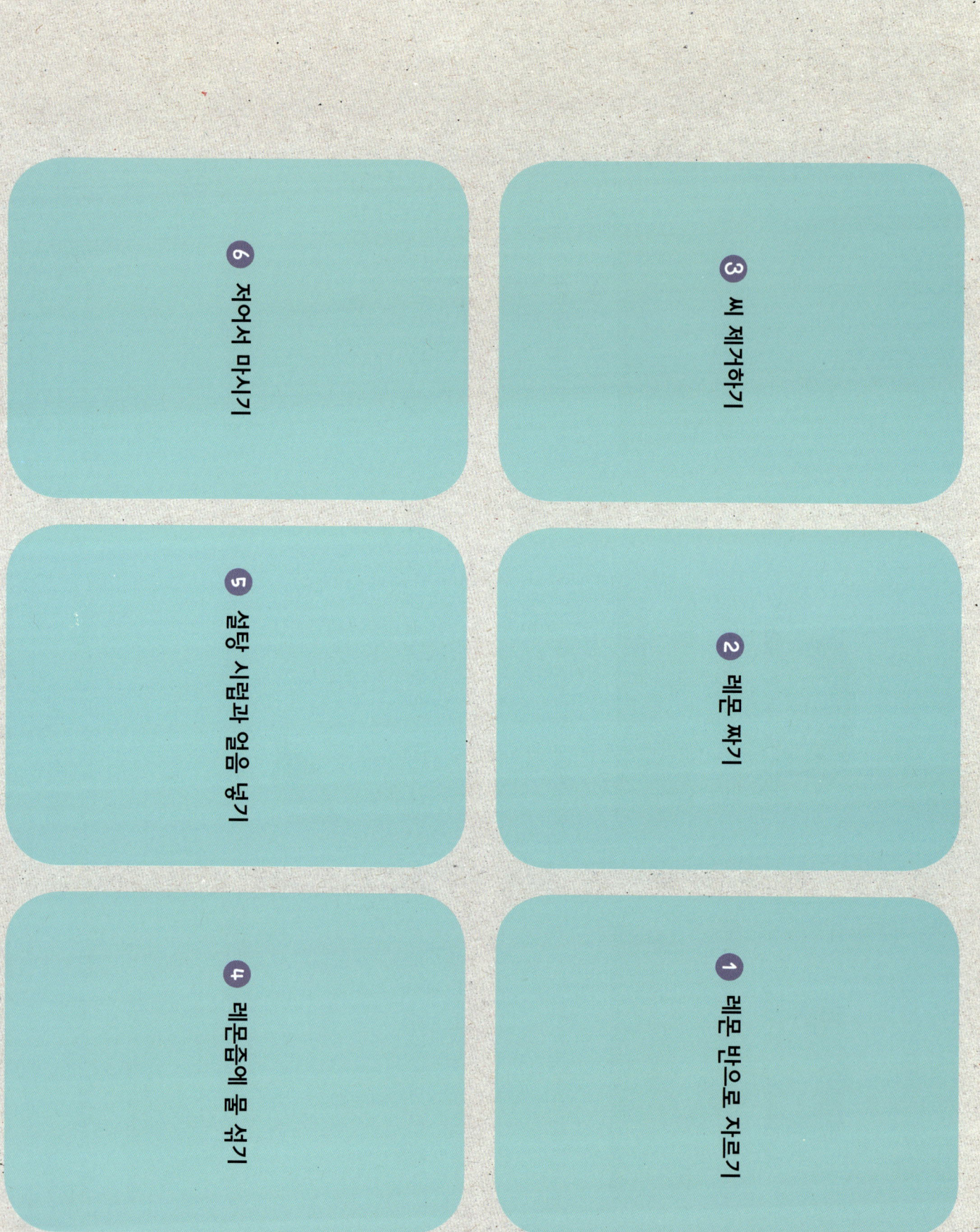

1 레몬 반으로 자르기
2 레몬 짜기
3 씨 제거하기
4 레몬즙에 물 섞기
5 설탕 시럽과 얼음 넣기
6 저어서 마시기

Mom's
English
Playground

CHAPTER 06

과학 놀이

Unit 16 **From Caterpillar to Butterfly**
애벌레에서 나비로 나비의 성장 과정

Unit 17 **The Moon**
달 밤하늘 꾸미기 & 달 관찰일지 작성하기

Unit 18 **How to Save the Earth**
지구를 지키는 방법 지구 지키기 프로젝트

From Caterpillar to Butterfly

애벌레에서 나비로

알록달록 화려한 날개를 가진 나비. 과연 나비는 처음부터 이렇게 예뻤을까요? 나비는 원래 알 속에서 애벌레로 태어납니다. 이때는 날지도 못하고 꿈틀꿈틀 기어 다니면서 먹고 또 먹으며 몸집을 불리죠. 이런 애벌레를 보면 우리 아이들이 막 태어났을 때가 생각나지 않나요? 우리 아이들도 아기였을 땐 꼼짝 않고 먹고 자기만 했는데, 어느새 이렇게 컸는지 기특하기만 합니다. 나비의 성장 과정을 살펴보면서 우리 아이와의 추억도 함께 떠올려보세요.

보세요! 나비가 꽃에 앉아 있어요.		Look! A butterfly is sitting on the flower.
예쁘다.		It's pretty.
나비가 꼼짝도 안 해요.		The butterfly isn't moving at all.
꿀물을 먹고 있는 것 같은데.		I think it's drinking nectar.
나비도 입이 있어요?		Does a butterfly have a mouth, too?
응, 빨대처럼 생긴 기다란 입이 있지.		Yes, it has a long mouth that looks like a straw.

- butterfly 나비   • at all 전혀   • nectar 꽃의 꿀   • straw 빨대

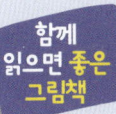

The Very Hungry Caterpillar
by Eric Carle

권장 연령 : 2~5세

아이들 영어 그림책을 소개하면서 에릭 칼을 빼놓을 수 없는데요, 독특한 그림과 기발하고 재미있는 내용으로 사랑 받는 작가입니다. 이 작품 역시 그의 대표작으로 나비의 성장 과정을 그리고 있습니다. 알 속에서 태어난 작은 애벌레는 매일 먹고 또 먹어서 커다랗고 뚱뚱한 애벌레가 됩니다. 이 애벌레는 다시 번데기 속에서 얼마간 성장을 합니다. 드디어 번데기를 뚫고 무언가가 밖으로 나오는데, 과연 무엇일까요? 짜잔, 바로 나비! 알록달록 화려한 날개를 가진 나비입니다. 이 책 속에는 나비의 성장과 관련된 단어뿐 아니라 요일, 숫자, 음식 종류까지 알차게 들어있습니다.

 놀이하며 대화하기

아이와 함께 나비에 대해 이야기를 나눠봅시다. 현재 아이의 눈에 보이는 나비에 대해서도 충분히 이야기를 나누고, 눈으로 직접 확인하기는 어렵지만 알, 애벌레, 번데기를 거쳐 완벽한 나비로 성장하기까지의 과정도 이야기해보세요. 놀이 재료는 233페이지에서 미리 준비하세요.

 **1** 놀이 재료 중 '나비의 성장(the growth of a butterfly)' 판을 보면서 나비의 성장 과정을 확인합니다.

 나비가 내 손에 앉으면 좋겠다.
I wish the butterfly sat on my hand.

한아, 손을 내밀어봐.
Hold out your hand, Han.

이리 오렴, 예쁜 나비야.
Come here, pretty butterfly.

 엄마, 저도 나비처럼 날개를 갖고 싶어요.
Mom, I want to have wings like a butterfly.

 왜?
Why?

 하늘을 날아다니려고요.
To fly around in the sky.

 어디로 가고 싶은데?
Where do you want to go?

 아무데나요. 그냥 프테라노돈처럼 날고 싶어요.
Anywhere. I'd just want to fly like a pteranodon.

• hold out 내밀다   • wing 날개   • pteranodon 프테라노돈 (하늘을 나는 공룡의 한 종류)

 **놀이 순서 2** '나비의 성장' 판에 알과 애벌레를 붙입니다. MP3 16-03

 한아, 그거 알아? 나비는 처음에 날개가 없어.

You know, Han. A butterfly has no wings at first.

 그게 무슨 말이에요?

What do you mean?

 나비는 알에서 태어나는데, 알에서 애벌레가 나오지.

It starts out as an egg, and the egg hatches into a caterpillar.

그 애벌레가 나비로 변신하는 거야.

Then the caterpillar turns into a butterfly.

와, 정말이요? 애벌레는 못 날아요?

Oh really? Can't the caterpillar fly?

 응, 애벌레는 꿈틀꿈틀 기어 다니면서 먹고 또 먹고 또 먹기만 해.

No, it just wiggles and eats and eats and eats.

아기랑 똑같네요!

It's just like a baby!

 맞아. 우리 한이도 아기였을 때 먹고 자기만 했는데.

Right. You, too, only ate and slept when you were a baby.

• at first 처음에 • caterpillar 애벌레 • turn into ~으로 변하다 • wiggle 꿈틀꿈틀 움직이다

 **놀이순서 3** '나비의 성장' 판에 번데기와 나비를 오려 붙입니다. MP3 16-04

 아기 애벌레는 점점 더 크고 뚱뚱해져.

The baby caterpillar gets bigger and fatter.

 그다음에 나비가 되는 거예요?

Then it becomes a butterfly?

 아니, 아직. 애벌레는 나비가 되기 전에 허물을 벗고 번데기가 돼.

No, not yet. It molts into a chrysalis before becoming a butterfly.

 번데기요?

A chrysalis?

 딱딱한 껍데기인데, 거기서 애벌레가 오랫동안 머물러.

It's a hard shell that the caterpillar stays in for a long time.

껍데기 속에서 나비가 될 준비를 하는 거야.

It gets ready to become a butterfly inside the shell.

 애벌레는 정말 나비가 될까요?

Will the caterpillar ever turn into a butterfly?

 그럼, 번데기에서 예쁜 나비가 나와서 우아한 날갯짓을 할 거야.

Sure, a beautiful butterfly will come out of the chrysalis and flap its graceful wings.

- molt 허물 벗다 • chrysalis 번데기 • shell 껍데기 • for a long time 오랫동안
- get ready to ~할 준비를 하다 • come out of ~에서 나오다 • flap 날개를 펄럭거리다 • graceful 우아한

카드로 놀기
애벌레에서 나비로

나비의 성장 과정을 카드에 담았습니다. 눈에 잘 띄는 곳에 붙여두고 아이와 함께 이야기 나눠보세요. 각 성장 단계에 해당하는 단어 즉, egg (알), caterpillar (애벌레), chrysalis (번데기), butterfly (나비)가 익숙해질 때까지 반복해서 이야기하세요.

③ 뚱뚱한 애벌레

The baby caterpillar gets bigger and fatter.

⑥ 자유로운 날갯짓

The butterfly flaps its graceful wings.

② 작은 애벌레

The egg hatches into a caterpillar.

⑤ 나비

A butterfly comes out of the chrysalis.

① 알
The leaf with egg image
A butterfly starts out as an egg.

④ 번데기

The caterpillar stays inside a chrysalis.

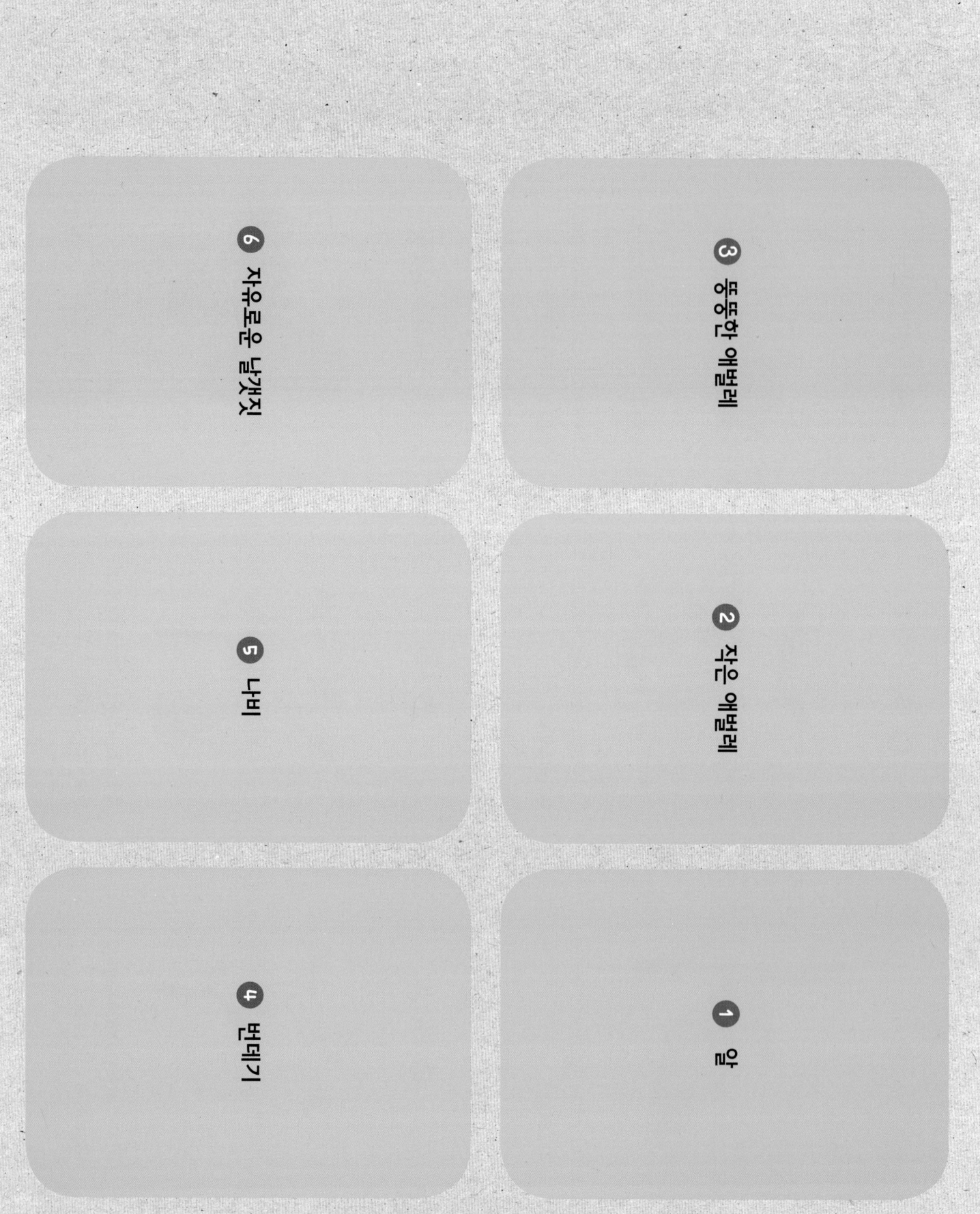

Unit 17 The Moon 달

수와 엄마는 밖에서 놀다가 집으로 돌아오는 길이나 밤에 잠깐 외출할 때 밤하늘을 보게 됩니다. 밤하늘에는 달이 있을 때도 있는데, 이상하게 볼 때마다 모양이 조금씩 다른 것 같습니다. 어떨 땐 눈썹처럼 가느다랗고, 어떨 땐 반달, 어떨 땐 둥근 보름달, 어떨 땐 보이지 않을 때도 있습니다. 엄마들 대부분 어렸을 때 달의 모양이 왜 다르게 보이는지 배웠을 텐데요, 기억을 되살려서 아이들에게도 재미있는 달 이야기를 들려주세요.

엄마랑 대화하기 MP3 17-01

👧	저 여기서 운동할래요.	I want to get some exercise here.
👩	맙소사, 오늘 엄청 많이 놀았잖아. 날도 벌써 어두워졌고.	Oh dear, you already played so much today. And it's already dark.
👧	저도 알아요. 근데 별로 깜깜하지는 않아요.	I know, but it's not that dark.
👩	맞아, 달 덕분에 그렇지.	Yes, thanks to the moon.
👧	엄마, 제발요. 십 분만 할게요.	Please, mommy. I'll finish in ten minutes.

• get some exercise 운동을 하다   • thanks to ~덕분에   • the moon 달

함께 읽으면 좋은 그림책

Papa, please get the moon for me
by Eric Carle   권장 연령 : 5~8세

달의 위상(the phases of the moon)을 소재로 하고 있으며, 작가의 상상력이 돋보이는 책입니다. 아빠는 아주 높은 산 꼭대기에 아주 기다란 사다리를 놓고 달까지 올라갑니다. 딸에게 달을 따주고 싶지만 지금은 너무 커서 그렇게 할 수 없습니다. 아빠는 달이 작아지기만을 기다렸다가 적당한 크기가 되었을 때 달을 가지고 내려와 딸에게 줍니다. 딸은 달이랑 춤도 추고, 껴안고, 던져보기도 합니다. 그런데 그 사이 달이 점점 작아져서 이제는 완전히 보이지 않습니다. 며칠이 지나서 문득 하늘을 보니, 작고 가느다란 달이 걸려 있습니다. 이 달은 매일 밤 커져서 아빠가 처음 봤을 때처럼 커다랗고 둥근 달이 됩니다.

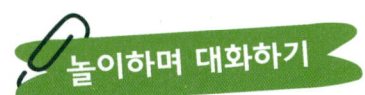 **놀이하며 대화하기**

달에 대해 본격적으로 이야기를 나눌 차례입니다. 아이들이 호기심을 가질 수 있도록 달에 대한 간단한 설명과 함께 아이들에게 비교적 익숙한 우주선이나 우주인에 대한 질문으로 이야기를 시작하세요. 그다음 아이와 함께 달의 모양 변화에 대해 본격적으로 이야기를 나누세요. 놀이 재료는 237페이지에서 미리 준비해주세요.

 놀이 카드와 놀이 재료에 있는 설명을 참고해 달에 관해 간단히 이야기를 나눕니다. MP3 17-02

 달빛 아래서 운동하니까 어때?

How does it feel to work out under the moonlight?

 아주 좋아요!

It's very nice!

 수야, 달에 가보고 싶니?

Sue, do you want to go to the moon?

 네, 그런데 거기 갈 수 있어요?

Yes, but is it possible to go there?

 쉽진 않지만 가능은 하지. 벌써 달에 가본 사람도 있어.

It's not easy but possible. Some people have already visited the moon.

 어떻게요?

How?

 우주선을 타고 갔지.

They flew on a spaceship.

그리고 달에는 공기가 없으니까 우주복을 입어야 될 거야.

And you will need a spacesuit since there's no air on the moon.

• work out 운동하다　• under the moonlight 달빛 아래서　• spaceship 우주선　• spacesuit 우주복　• air 공기

놀이순서 2 · 놀이 재료 중 초승달을 오려서 '밤하늘 꾸미기' 판에 붙입니다. MP3 17-03

수야, 오늘은 달이 무슨 모양 같아?
Sweetie, what does the moon look like today?

음, 엄청 얇아요.
Um, it's very thin.

이렇게 가느다란 달을 뭐라고 하는지 아니?
Do you know what we call this thin moon?

모르겠어요.
I don't know.

초승달이라고 해.
We call it a crescent moon.

며칠 전에는 하늘에 달이 없었어요.
A couple of days ago, there was no moon in the sky.

맞아. 어떤 날 밤에는 달을 전혀 볼 수 없어.
Right. You can't see the moon at all on some nights.

어디에 숨어 있었던 걸까요?
Was it hiding somewhere?

- look like ~처럼 보이다 • thin 얇은, 가는
- call ~라고 부르다 • crescent moon 초승달
- at all 전혀 • hide 숨다

Unit 17. The Moon   121

나머지 달의 모양과 별을 모두 오려서 '밤하늘 꾸미기' 판에 붙입니다.

달은 보이지 않더라도, 항상 하늘에 있는 거란다.
Even if you don't see the moon, it's always there in the sky.

근데 왜 안 보여요?
But why can't we see it?

그건 우리가 달의 어두운 면을 보기 때문이지. 이걸 삭이라고 해.
That's because we see the dark side of the moon. This is called a new moon.

밤이 지날 수록 점점 더 큰 달을 보게 될 거야.
As nights go by, you'll see more and more of it.

달이 점점 더 커지는 거예요?
It gets bigger?

응, 삼사일 뒤에는 반달이 돼.
Yes, it becomes a half moon in three to four days.

언제 크고 둥근 달을 볼 수 있어요?
When will I see a big, round moon?

일주일쯤 뒤에는 보름달을 보게 될 거야.
In about a week, you'll see a full moon.

우와, 마법 같아요!
Wow, it's like magic!

- new moon 삭
- half moon 반달
- full moon 보름달

카드로 놀기
달

달의 위상을 카드로 정리했습니다. 달이 지구와 태양 사이에 있는 삭을 시작으로, 음력 3~4일에는 초승달을, 7~8일에는 상현달이라고 하는 반달을, 15~16일에는 보름달을 볼 수 있습니다. 이후에 달이 점점 작아지기 시작해서 22~23일에는 다시 반달 모양의 하현달을, 27~28일에는 눈썹처럼 가느다란 그믐달이 보입니다. 이렇게 작아진 달은 시야에서 완전히 사라졌다가 다시 조금씩 보이기 시작합니다.

③ 상현달 — First Quarter

⑥ 그믐달 — Waning Crescent

② 초승달 — Waxing Crescent

⑤ 하현달 — Third Quarter

① 삭 — New Moon

④ 보름달 — Full Moon

❸ 상현달

❻ 그믐달

❷ 초승달

❺ 하현달

❶ 삭

❹ 보름달

Unit 18. How to Save the Earth

지구를 지키는 방법

예전에는 한이가 낮잠을 자거나 밤에 일찍 잠들 때 엄마는 쓰레기를 버리러 갔습니다. 아이를 데리고 쓰레기 분리수거 하기가 쉽지 않았거든요. 요즘은 한이가 많이 컸는지 엄마가 쓰레기를 버리러 갈 때마다 따라나섭니다. 쓰레기를 버리면서 자연스럽게 환경과 지구에 대해 이야기할 텐데요. 쓰레기 분리수거 말고도 아이가 일상생활에서 환경 보호를 위해 실천할 수 있는 일들에 대해 이야기해보세요.

엄마랑 대화하기

MP3 18-01

한아, 엄마 쓰레기 버리러 간다.	Han, I'm going to take out the garbage.
저도 같이 갈래요.	I want to go with you.
그래, 같이 가자.	All right, let's go together.
엄마, 뭐 도와줄까요?	What can I help you with, Mom?
이 비닐 쓰레기 좀 들어줘.	Please take these plastic wrappers.
오, 너무 무거워요! 히히, 농담이에요.	Oh, it's too heavy! He-he, just kidding.

- take out the garbage 쓰레기를 내다버리다
- plastic wrapper 비닐 포장지
- just kidding 농담입니다

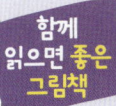

The Earth Book by Todd Parr

권장 연령 : 3~5세

귀여운 그림과 선명한 색, 간결하지만 분명한 메시지를 담고 있는 환경 책입니다. 종이 양면 활용하기, 장바구니 사용하기, 이 닦을 때 물 잠그기, 스쿨버스와 자전거 타고 다니기, 음식 남기지 않기, 재활용하기 등 아이들이 생활 속에서 실천할 수 있는 작지만 큰 의미가 있는 일들과 이러한 실천이 필요한 이유에 대해 이야기합니다. 이 책을 통해 아이들은 환경 보호는 나 자신과 내가 좋아하는 사람들, 우리가 살아가는 터전, 자연과 동물 친구들 모두를 위해 반드시 해야 할 일이라는 걸 알게 될 것입니다. 다음 웹사이트에 접속하면 토드 파의 다양한 책을 만날 수 있습니다. http://www.toddparr.com/

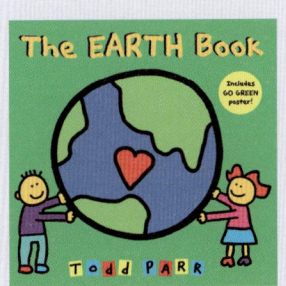

 놀이하며 대화하기

우리 아이들이 환경을 보호해야 하는 이유와 환경 보호를 위해 실천할 수 있는 일들에 대해 이야기해봅시다. 245페이지의 놀이 재료 중 '지구 지키기 프로젝트' 표를 꺼내주세요. 웃는 얼굴과 찡그린 얼굴 그림은 스티커로 활용할 수 있도록 잘라주세요.

 **1** 오늘 쓰레기를 줄이기 위해 노력했다면 웃는 얼굴을, 못했다면 찡그린 얼굴을 붙여주세요.

MP3 18-02

 한아, 도와줘서 고마워.

Thank you for your help, Han.

 아니에요. 언제든지 말씀만 하세요.

You're welcome. You can ask me for help any time.

그런데, 왜 쓰레기를 분리했어요?

Anyway, why did you sort the garbage?

 쓰레기를 줄일 수 있는 한 가지 방법이거든.

It's one way to reduce waste.

캔, 종이, 유리병 같은 건 재활용할 수가 있어.

We can recycle things like cans, paper, and glass bottles.

 왜 쓰레기를 줄여야 해요?

Why do we have to reduce waste?

안 그러면 지구가 아프거든.

If we don't, the Earth gets sick.

 아, 알겠어요.

Ah, I see.

- sort 분리하다 • garbage 쓰레기 • reduce waste 쓰레기를 줄이다
- recycle 재활용하다 • can 캔 • glass bottle 유리병

오늘 식사 시간에 밥그릇을 싹싹 비웠으면 웃는 얼굴을, 못했으면 찡그린 얼굴을 붙여주세요.

한아, 지구를 지키고 싶니?

Han, do you want to save the Earth?

네, 물론이죠!

Of course, I do!

지금 한이가 할 수 있는 일이 있어.

There's something you can do now.

그게 뭔데요?

What's that?

밥 싹싹 먹는 거.

Eating everything in your bowl.

저 그거 할 수 있어요! 딱 한 입 남았거든요.

I can do that! I have just one last bite left.

그런데 그 둘 사이에 무슨 관계가 있어요?

But how are the two things connected?

남긴 음식도 쓰레기가 될 수 있거든.

The food you leave could become waste, too.

- bowl (우묵한) 그릇
- bite 한 입
- leave 남기다

 **놀이순서 3** 오늘 양치할 때 물을 절약했으면 웃는 얼굴을, 못 했으면 찡그린 얼굴을 붙여주세요.  MP3 18-04

 한아! 이 닦을 시간이야!

Han! Time to brush your teeth!

 가요!

Coming!

 한이가 지금 이 순간에도 지구를 지킬 수 있어.

You can save the earth *even* right now.

 어떻게요?

How?

 먼저, 컵 사용하기!

First, use a cup!

 그리고 이를 닦는 동안에는 물을 잠가요!

And *turn off the water* while brushing my teeth!

 맞았어!

That's *absolutely* right!

그리고 나갈 때 불 끄는 것도 잊지 말고.

And don't forget to *turn off the light* when you leave.

• even ~도(조차)　• turn off the water 물을 잠그다　• absolutely 전적으로　• turn off the light 불을 끄다

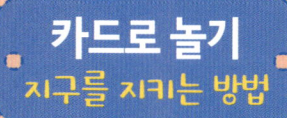

카드로 놀기
지구를 지키는 방법

우리 삶의 터전인 지구를 건강하게 지키기 위해 아이들이 실천할 수 있는 일들입니다. 비록 작은 일이지만 우리 아이들 모두가 실천한다면 큰 의미를 만들어 낼 수 있지 않을까요? 잘 보이는 곳에 붙여두고 꼭 실천합시다!

3 밥 싹싹 먹기

Eat everything in your bowl.

6 불 끄기

Turn off the light when you leave.

2 재활용하기

Recycle glass bottles, paper, and cans.

5 물 잠그기
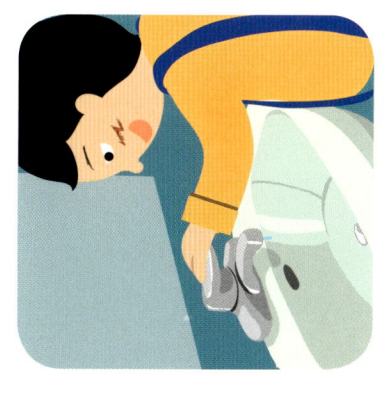
Turn off the water when it's not in use.

1 쓰레기 줄이기

Reduce waste.

4 양치질할 때 컵 사용하기

Use a cup when you brush your teeth.

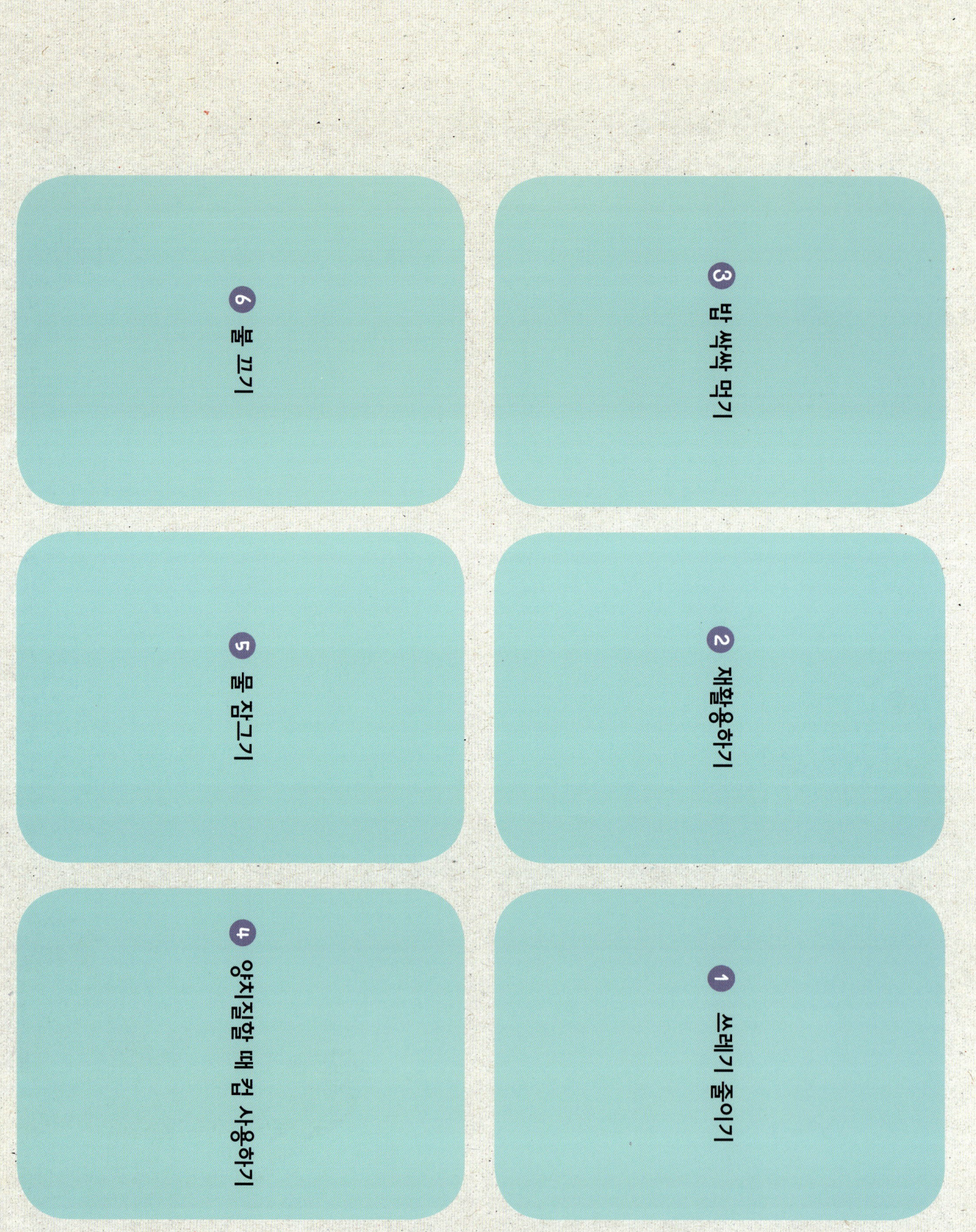

Mom's English Playground

놀이 재료

- Let's Play! -

Unit 01 It's Dinner Time!

저녁 먹자!

놀이 재료 준비

식탁 차리기
1. 돈가스, 시금치, 김치 반찬을 직접 색칠하세요.
2. 재료를 모두 선을 따라 오리세요.
3. 색칠한 반찬을 접시에 담아서 식탁에 올립니다.
4. 수저와 컵도 식탁에 올려서 상 차리기를 완성합니다.

★ 각 놀이 재료는 잘 보관했다가 단어 카드로 활용하세요.

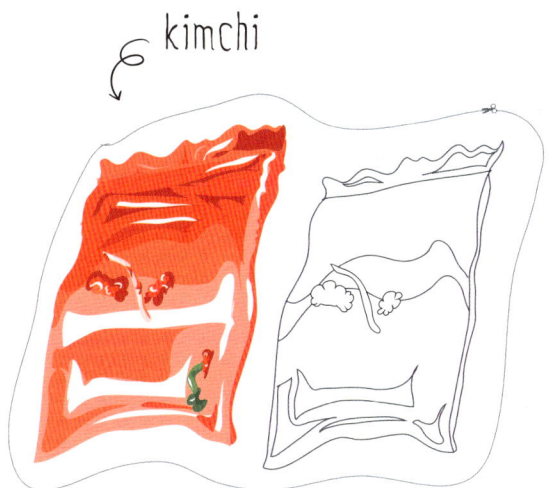
kimchi

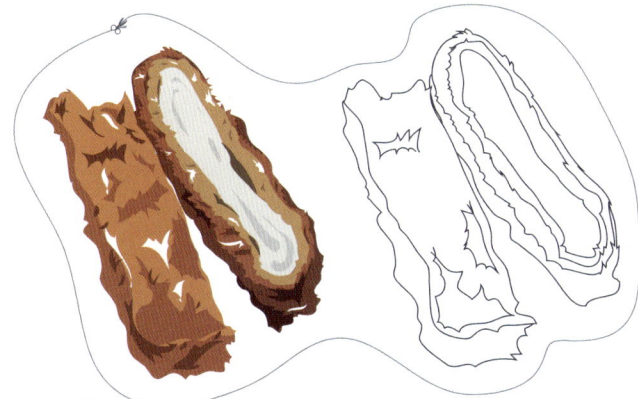
pork cutlet

spinach

kimchi
김치

pork cutlet
돈가스

spinach
시금치

kitchen table

Unit 01. It's Dinner Time! 135

kitchen table
식탁

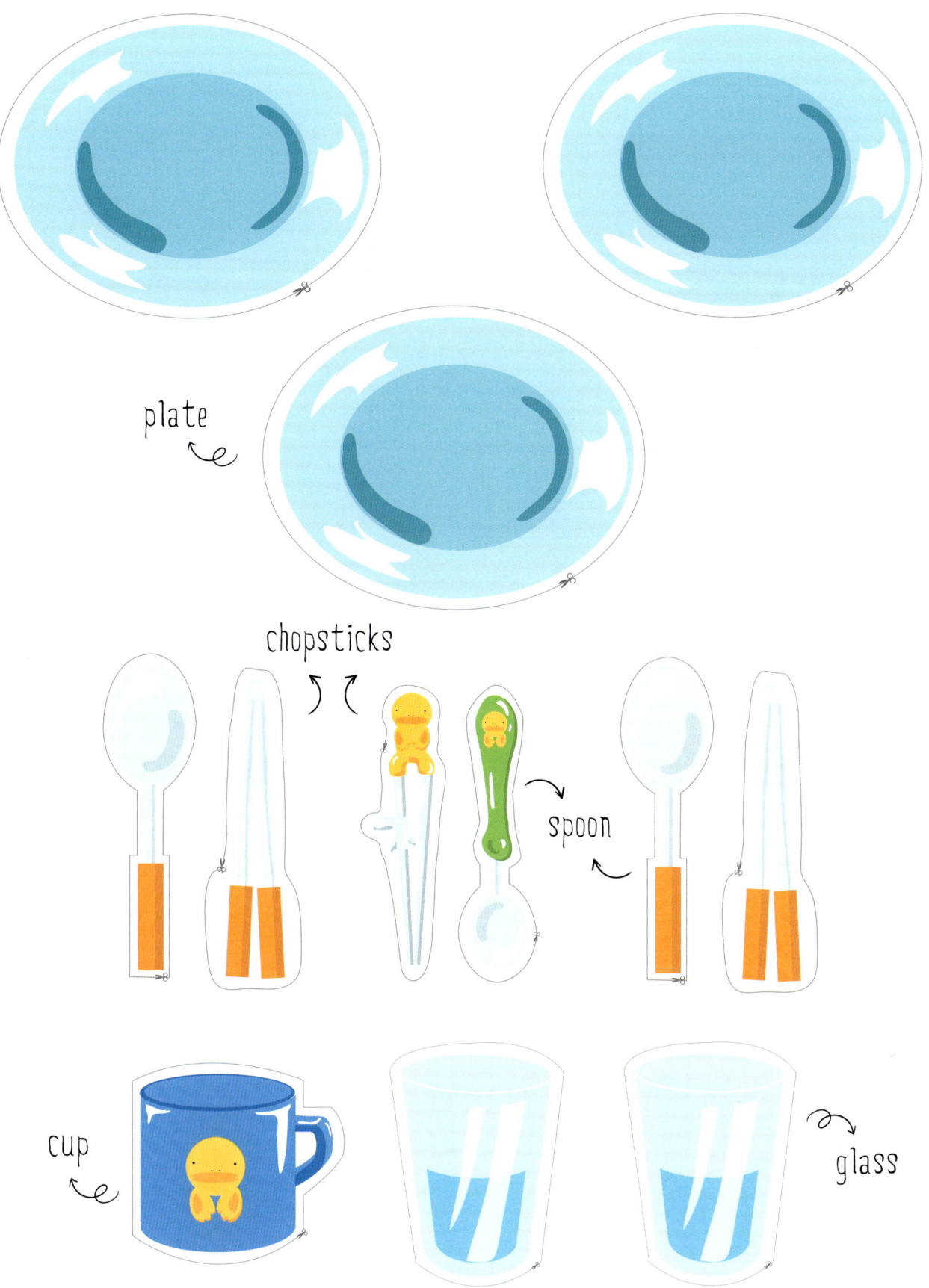

Unit 01. It's Dinner Time!

plate
접시

plate
접시

plate
접시

spoon 숟가락

spoon 숟가락

chopsticks 젓가락

chopsticks 젓가락

spoon 숟가락

chopsticks 젓가락

glass
컵

glass
컵

cup
컵

Unit 02 Brushing Teeth Is Fun.

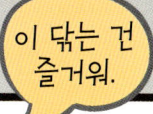

놀이 재료 준비

이 닦기
1. 모든 놀이 재료를 오립니다.
2. 칫솔 만드는 법을 참고해서 칫솔을 완성합니다.
3. 수(Sue) 입 속에 초콜릿, 사탕, 케이크, 젤리빈을 넣습니다.
4. 칫솔에 치약을 짜고 싹싹 양치질을 합니다.
5. 세면대에서 입과 칫솔을 헹굽니다.

sink

sink
세면대

Sue
수

toothpaste 치약

cup
컵

chocolate
초콜릿

lollipop
막대사탕

cake
케이크

jelly beans
젤리빈

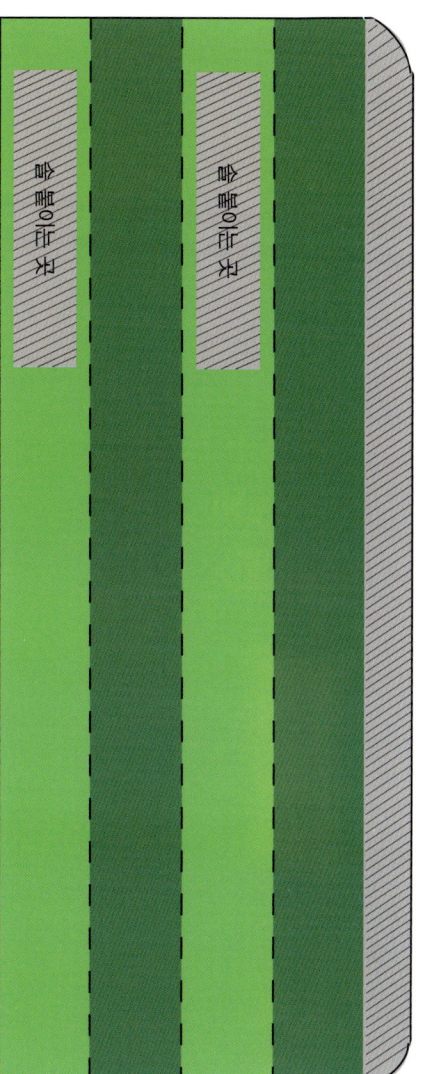

toothbrush

칫솔 만드는 방법

❶ 칫솔대와 솔을 모두 오려요.
❷ 칫솔대는 점선을 따라 접어요.
❸ 풀칠 표시된 곳에 풀이나 테이프를 붙여서 사각 기둥을 만들어요.
❹ 칫솔대 양쪽에 솔을 붙여서 칫솔을 완성해요.

——————— 자르기
- - - - - - - 접기
▨▨▨▨▨ 풀칠

Unit 02. Brushing Teeth Is Fun.

toothbrush
칫솔

toothbrush
칫솔

toothbrush
칫솔

Unit 03 — Good Night, Sweetie.

> 잘 자라, 우리 아가.

놀이 재료 준비

잠 잘 때

1. 여자 인형과 남자 인형 중 원하는 것을 선택합니다.
2. 선택한 아이 인형과 엄마 인형을 받침대에 세웁니다.
3. 아이 인형에게 잠옷을 입히고, 잠자기 전에 하는 활동들을 합니다. (세수, 양치질, 책 읽기 등)
4. 아이 인형을 침대에 눕히고, 이불을 덮고, 자장가를 불러줍니다.

toothbrush 칫솔

nightdress 치마 잠옷

pajamas 잠옷

teddy bear 곰 인형

book 책

soap 비누

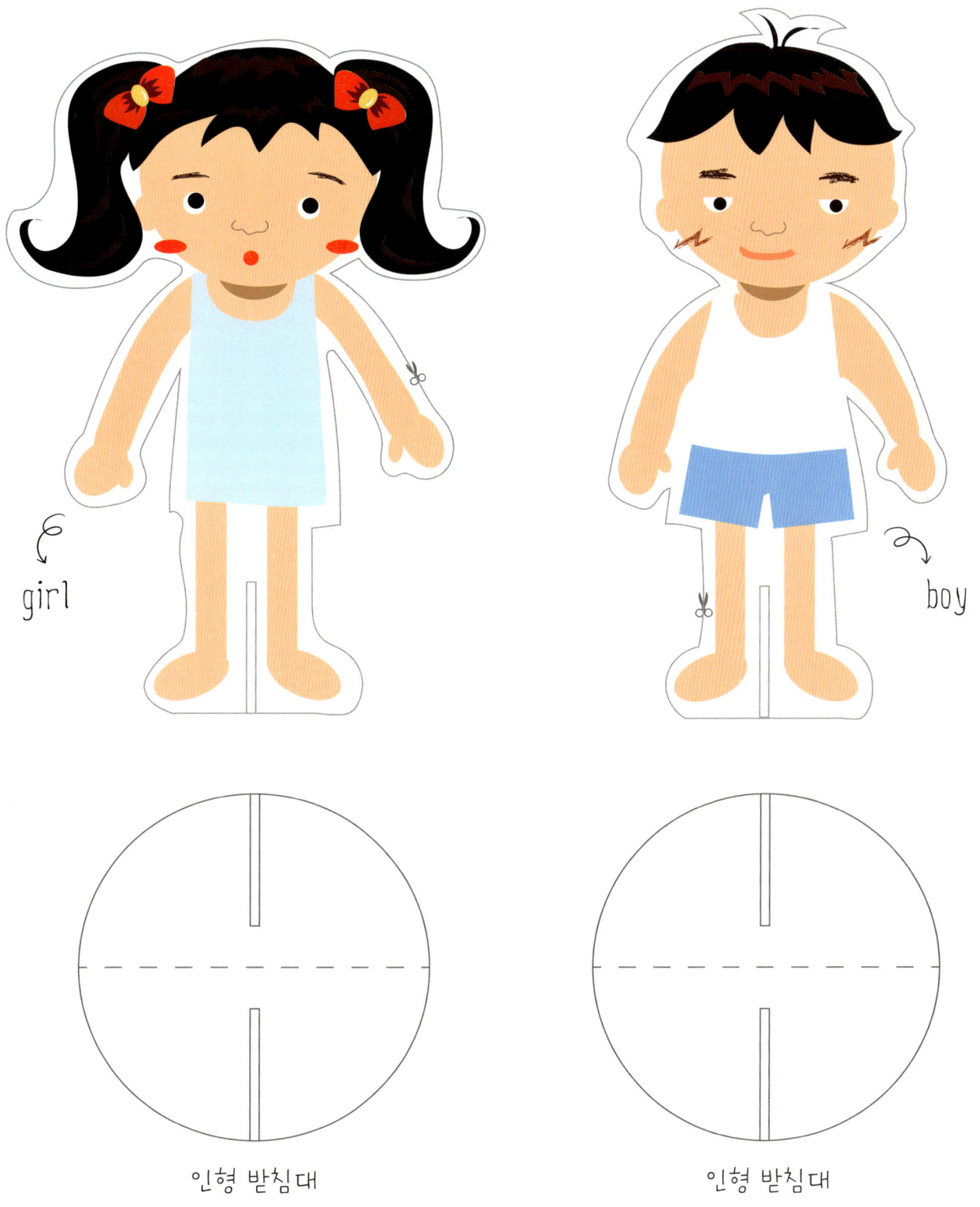

boy
남자
아이

girl
여자
아이

인형 받침대

인형 받침대

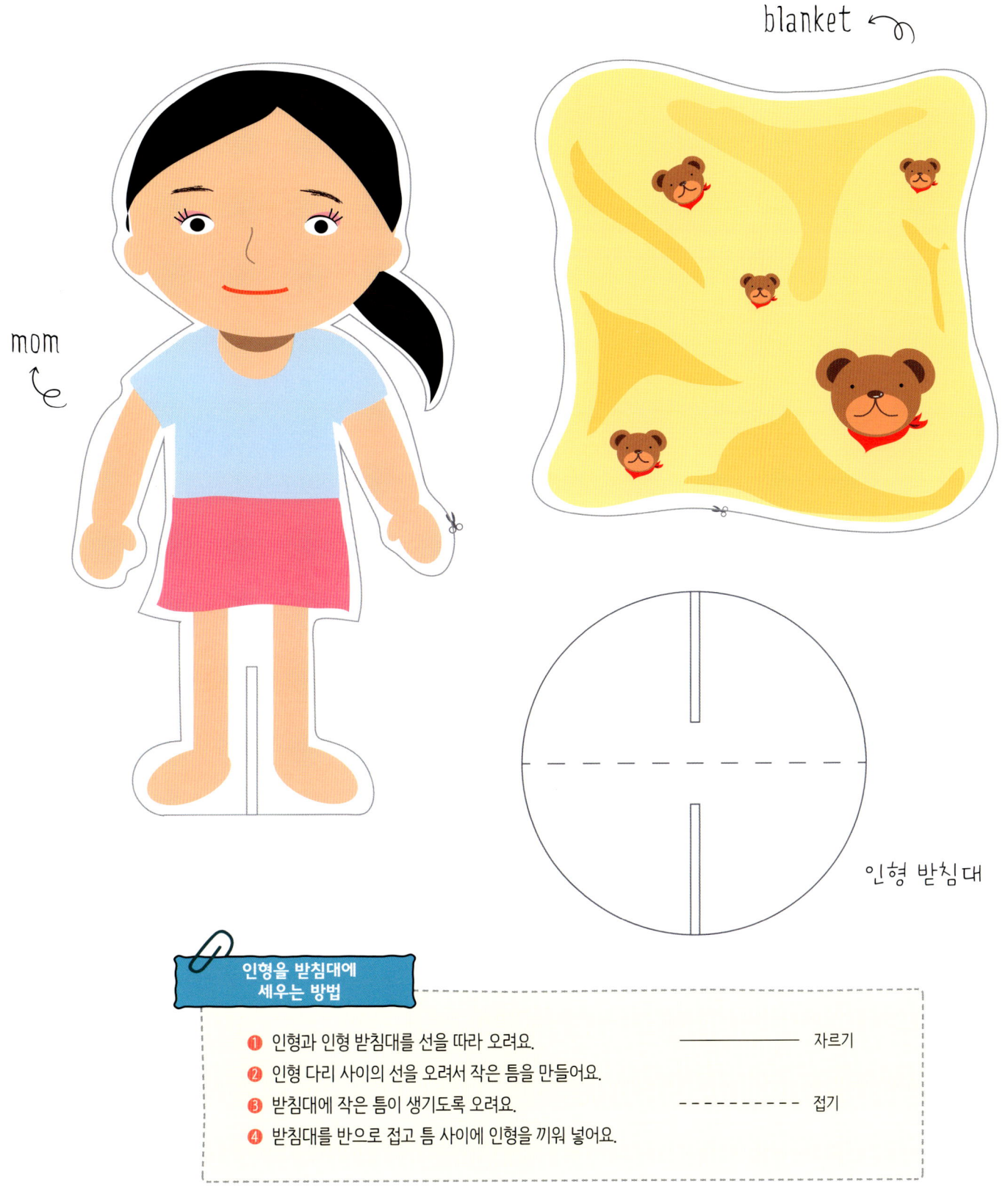

blanket
이불

mom
엄마

인형 받침대

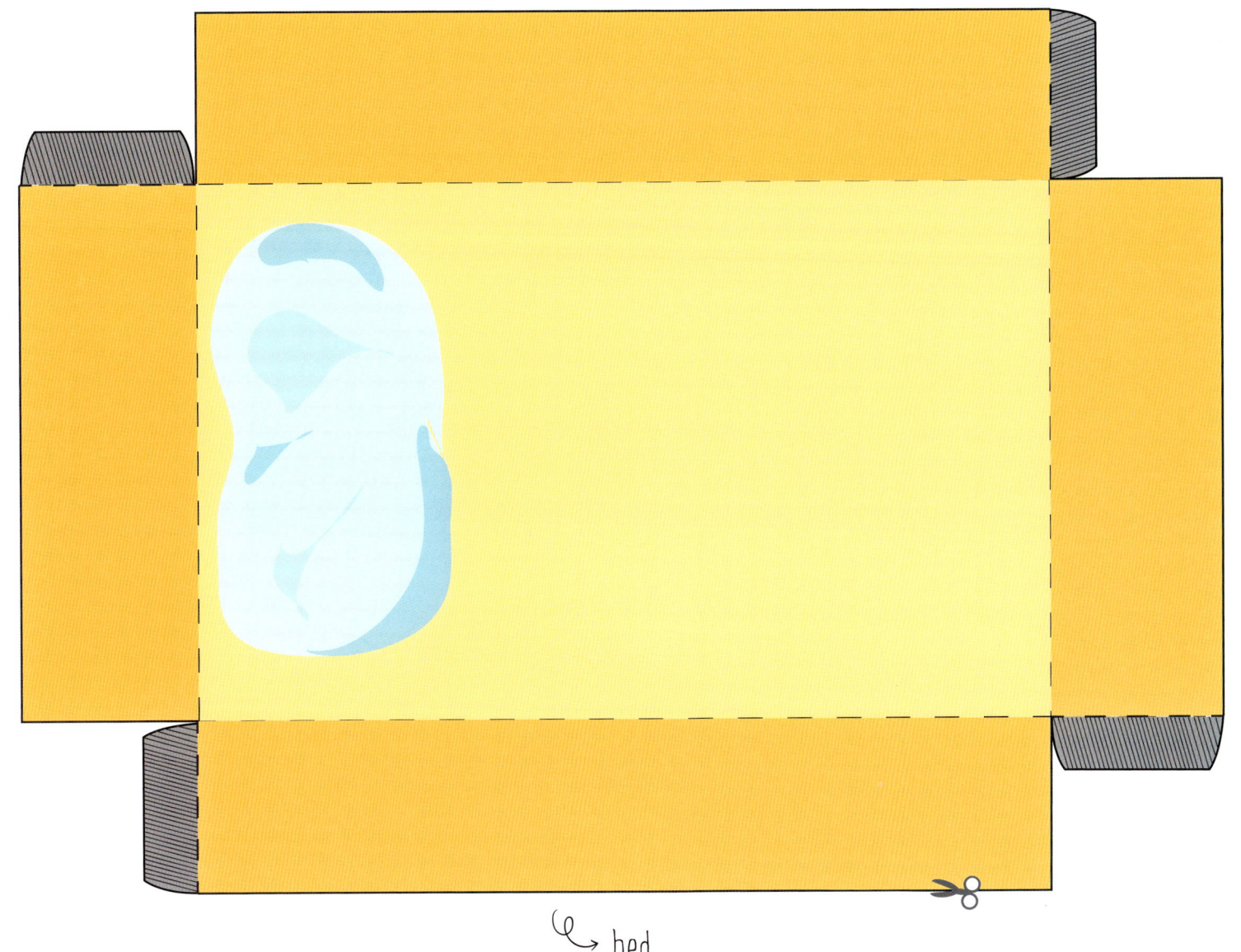

↪ bed

침대 만드는 방법

❶ 선을 따라 침대를 오려요.
❷ 점선을 따라 접어요.
❸ 풀칠 표시된 곳에 풀이나 테이프를 붙여 침대를 완성해요.
❹ 베개가 그려진 곳이 머리 부분입니다.

——————— 자르기
- - - - - - - 접기
▨▨▨▨▨ 풀칠

Unit 03. Good Night, Sweetie.

bed 침대

Unit 04 > On the Playground

놀이터에서

놀이 재료 준비

놀이터
1. 대화에서 아이가 놀이기구를 탔던 순서를 되짚어 보세요.
2. 색연필이나 크레파스로 아이가 지나간 경로를 '놀이터 지도'에 표시해주세요.
3. 그네, 미끄럼틀, 시소, 뺑뺑이 놀이 재료를 오려서 삼각 기둥 형태로 만들어요.
   ——— 자르기   - - - - - 접기   ▨▨▨▨ 풀칠
4. 놀이기구를 지도 위에 올려 놓아요.
5. 각각의 놀이기구로 옮겨가면서 대화를 나눠요.

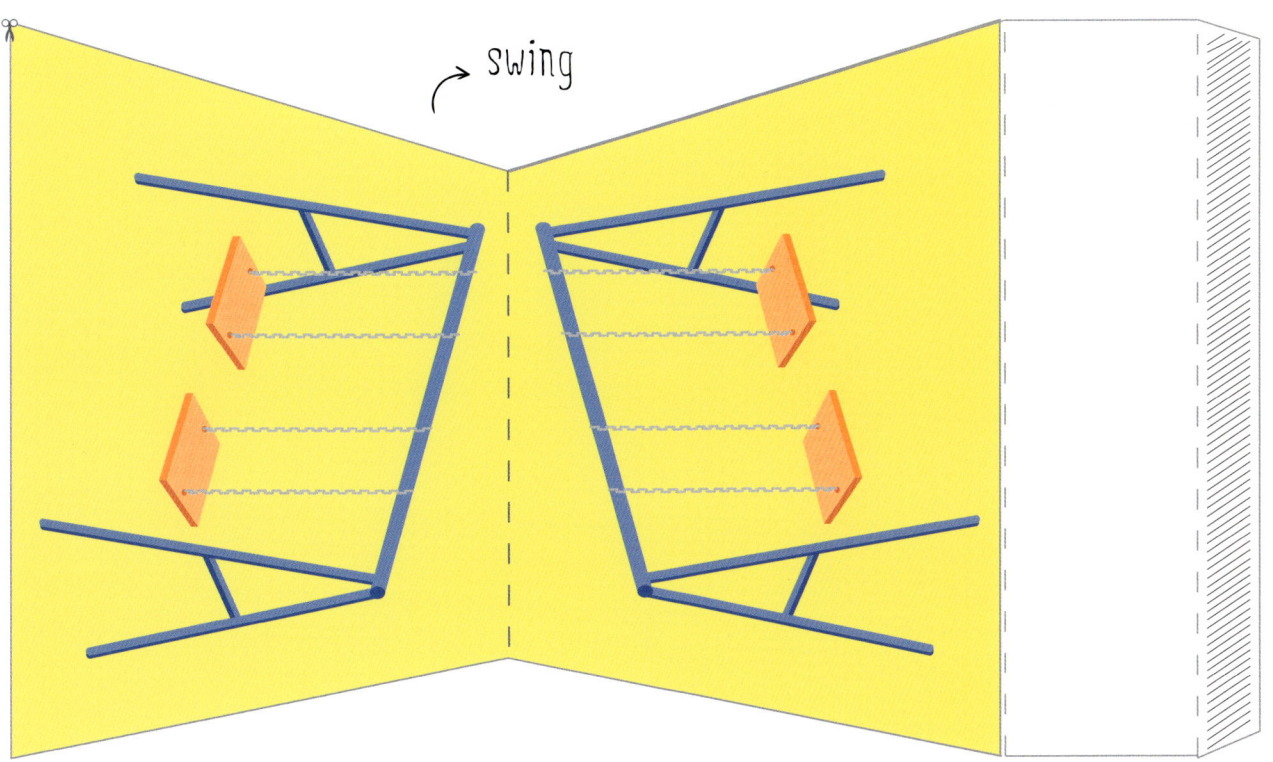

swing

그네 swing

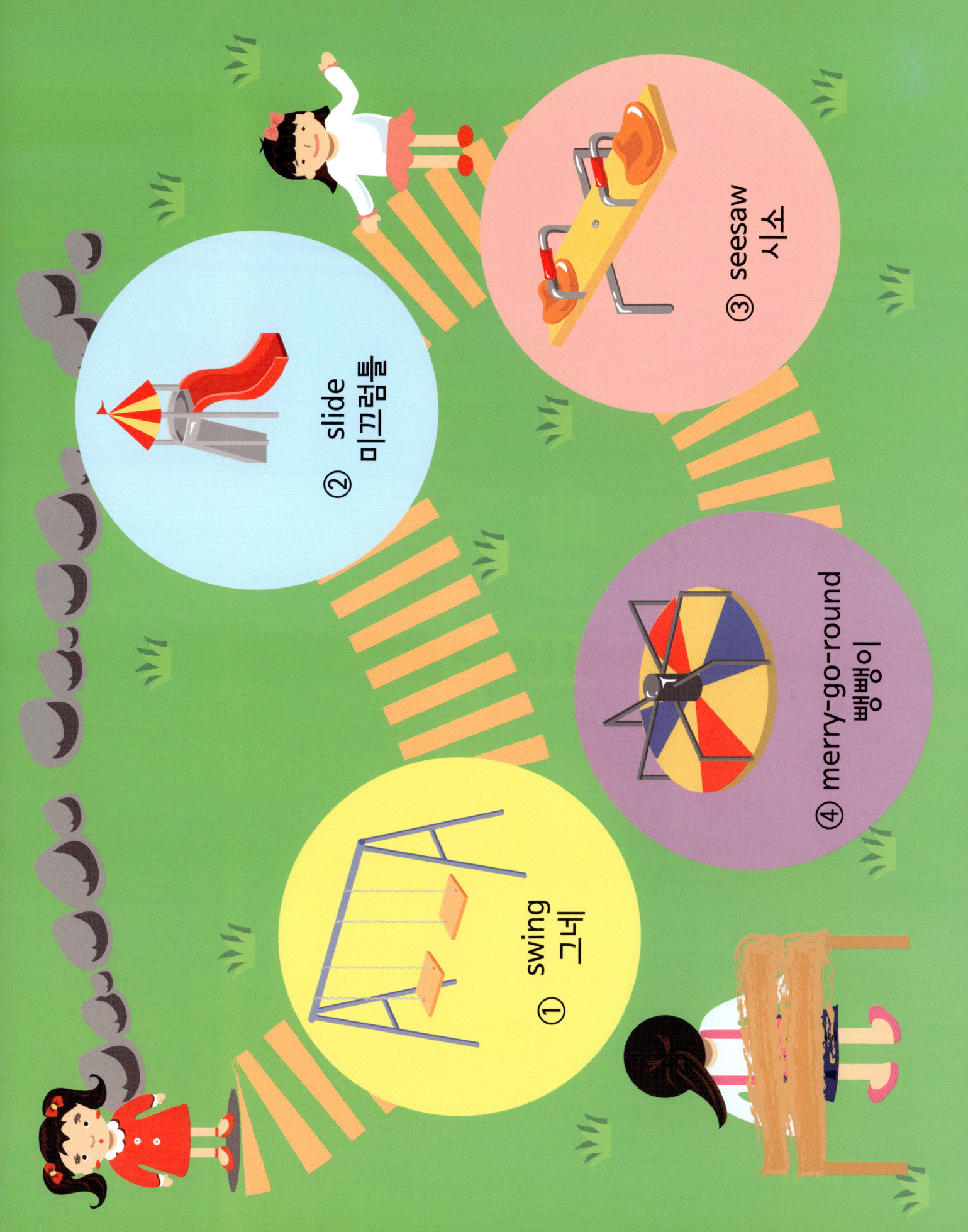

playground
놀이터

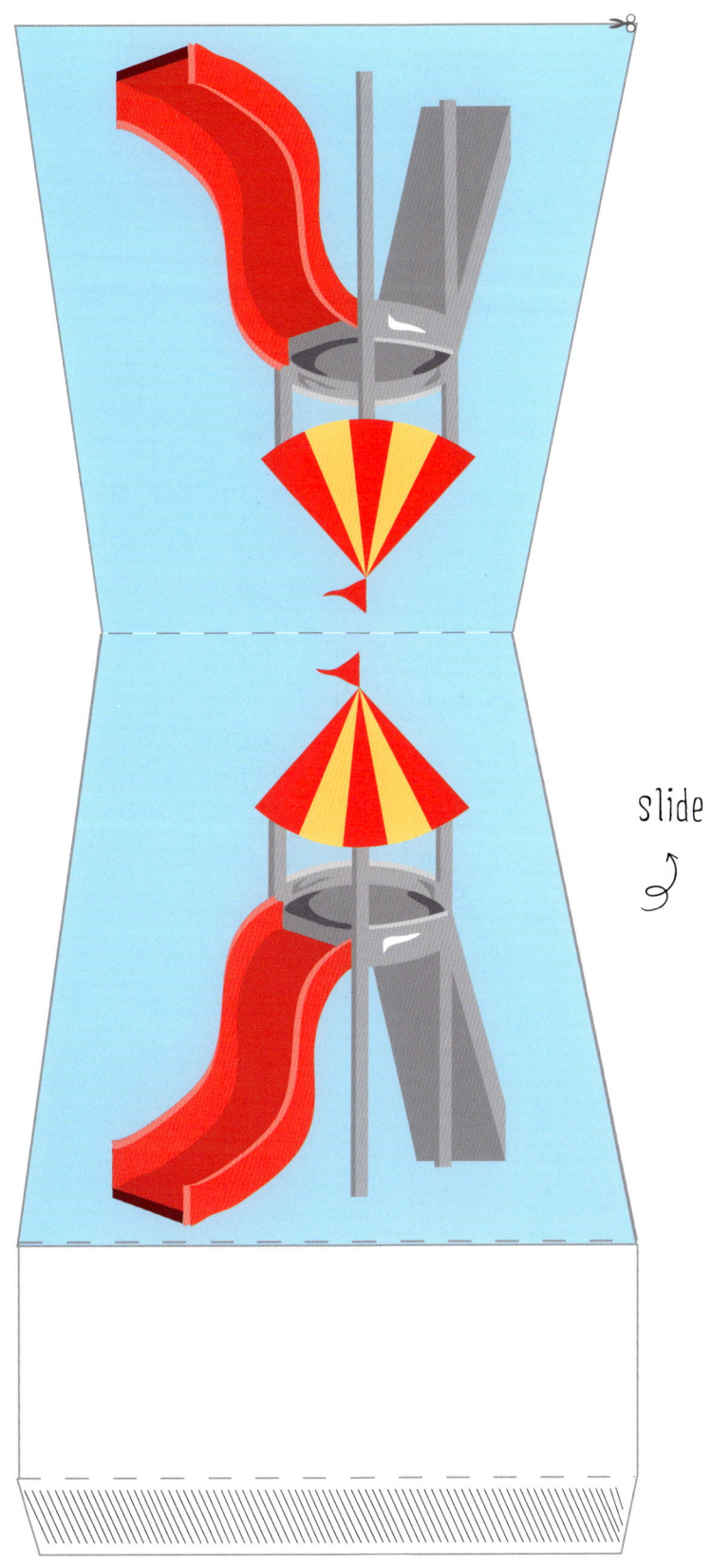

slide

Unit 04. On the Playground 159

slide
미끄럼틀

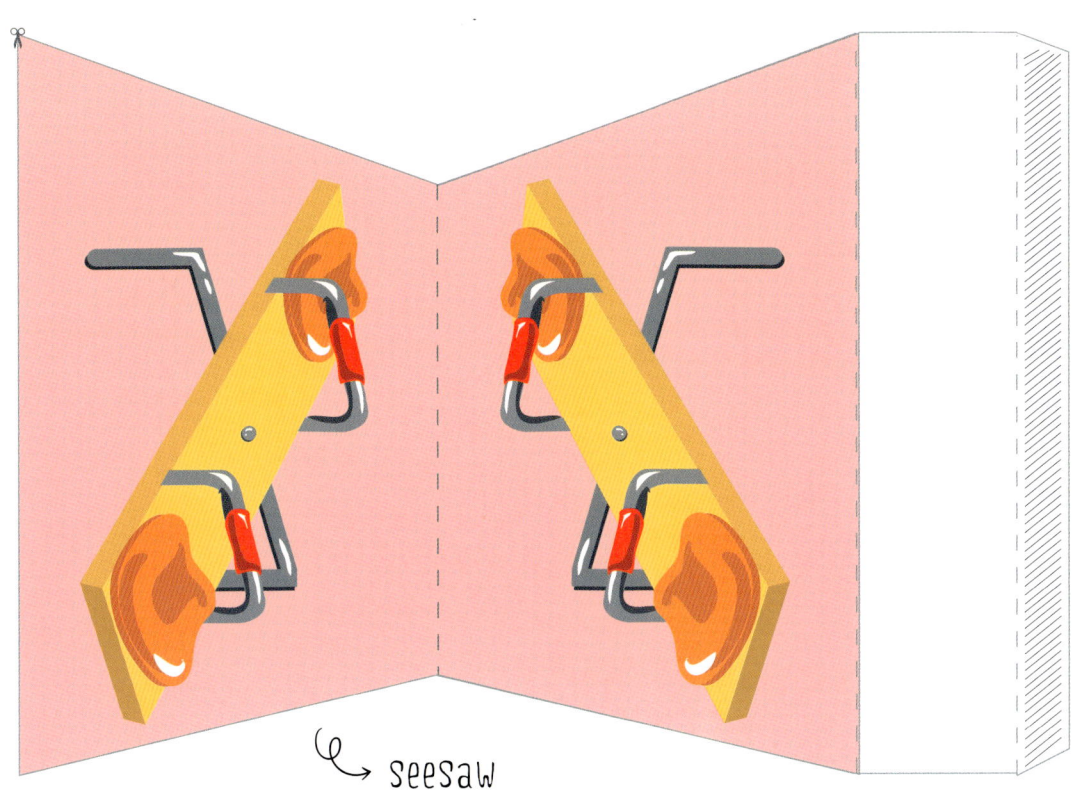
↳ seesaw

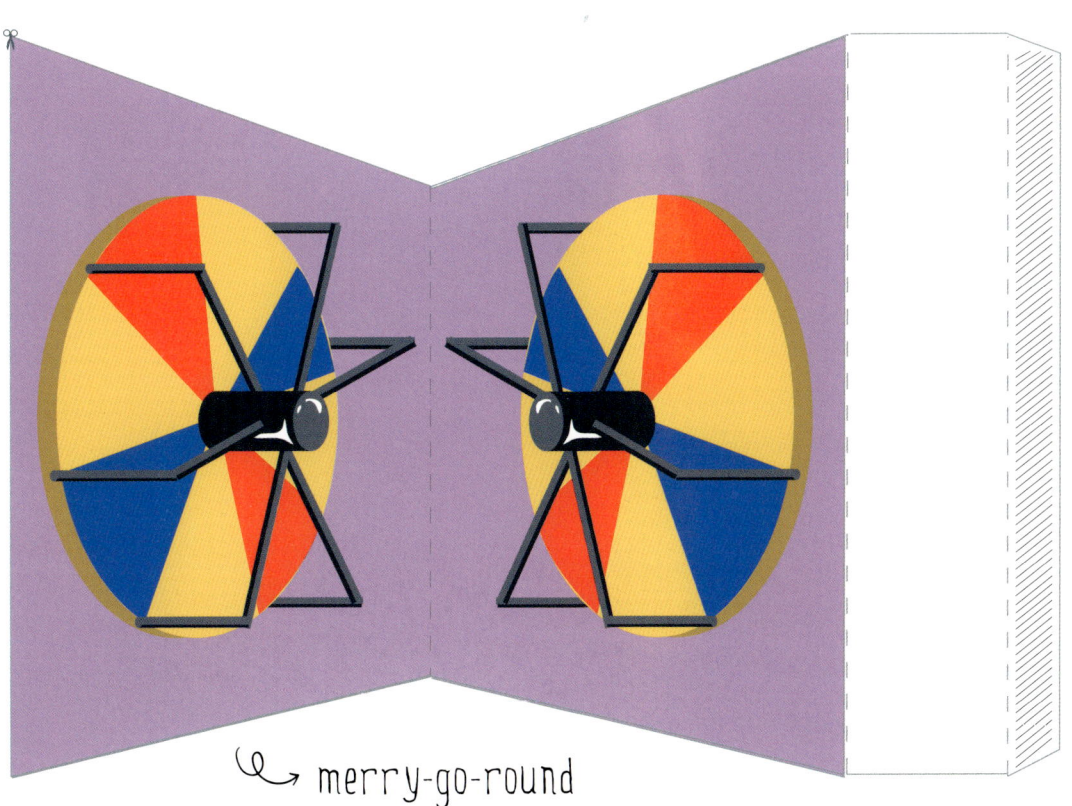
↳ merry-go-round

Unit 04. On the Playground

seesaw 시소

merry-go-round 뺑뺑이

Unit 05 — Riding a Bike

자전거 타기

놀이 재료 준비

자전거 타기
1. 아이의 성별에 따라 원하는 인형을 골라요.
2. 인형 머리에 헬멧을 씌워요.
3. 인형 다리 사이의 선을 오려서 작은 틈을 만든 뒤, 자전거에 태워요.
4. 인형을 태운 자전거를 트랙 위에서 자유롭게 굴려요.

boy

girl

'ㄱ(기역)' 자 트랙 만드는 방법

1. 트랙 1~4를 모두 선을 따라 오려요.
2. 각 트랙의 양쪽 주황색 부분이 벽이 되도록 안쪽으로 올려 접어요.
3. 풀이나 테이프를 이용해 트랙 1~3을 길게 이어 붙여요.
4. 트랙 3과 4의 자르기 표시된 부분에 칼집을 내고 연결해서 ㄱ(기역) 모양이 되도록 트랙을 완성해요.

girl
여자
아이

boy
남자
아이

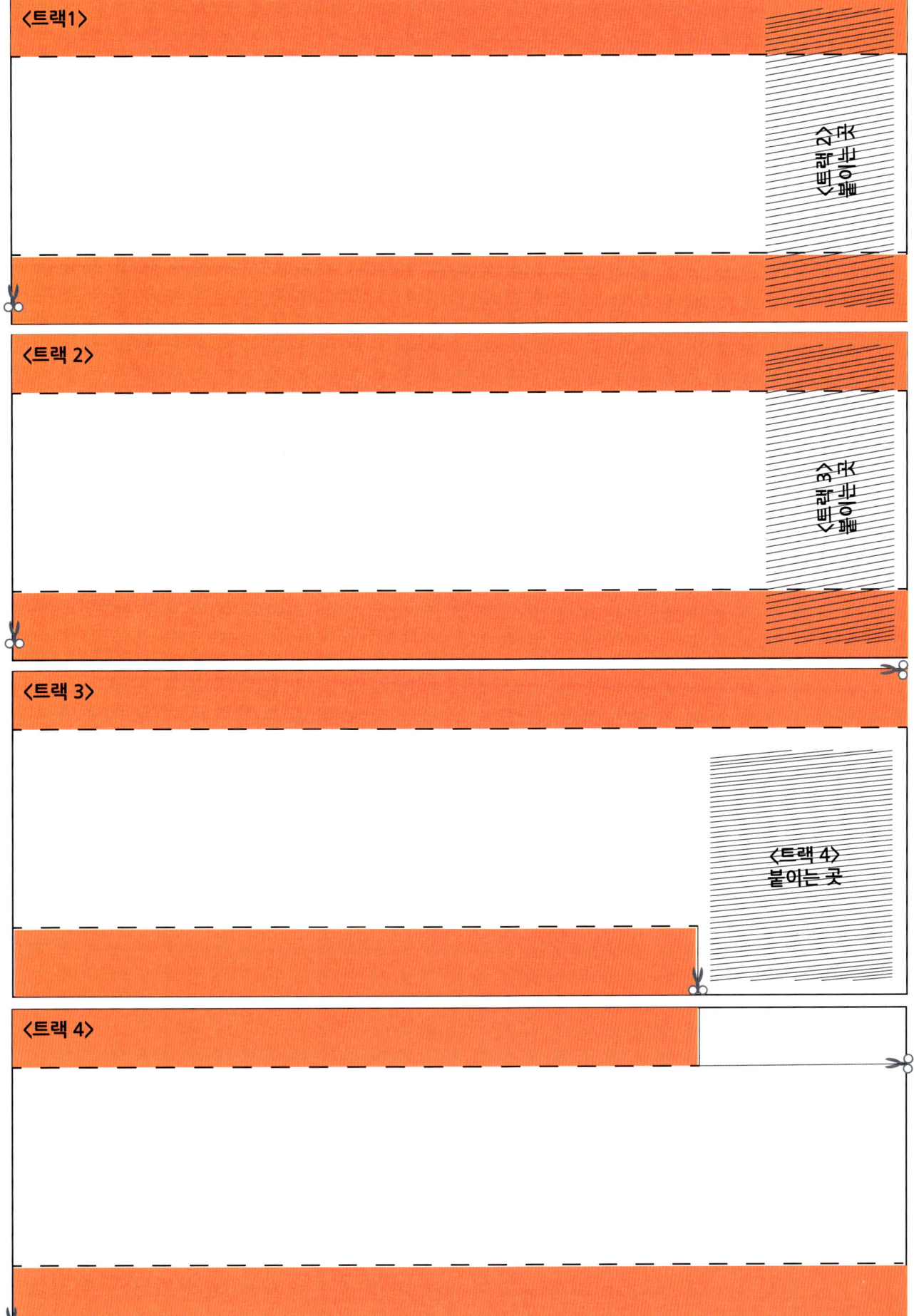

track 1
트랙 1

track 2
트랙 2

track 3
트랙 3

track 4
트랙 4

helmet

bike

Unit 05. Riding a Bike 167

helmet
헬멧

bike
자전거

Unit 06. Going for a Walk 산책하기

놀이 재료 준비

공원 꾸미기

1. 공원 전도와 놀이 재료(횡단보도, 꽃, 물고기, 오리, 벤치, 개미)를 모두 오려요.
2. 전도에서 흐릿하게 된 부분에 놀이 재료를 적절하게 붙여서 공원을 완성하세요.

   1) 찻길 위에 횡단보도
   2) 공원 입구에 개나리와 진달래
   3) 연못 안에 물고기
   4) 호수 안에 오리 다섯 마리
   5) 호수 건너편에 벤치
   6) 벤치 밑에 개미 떼

crosswalk
횡단보도

forsythias
개나리

azaleas
진달래

어린이 park

five ducks

ants

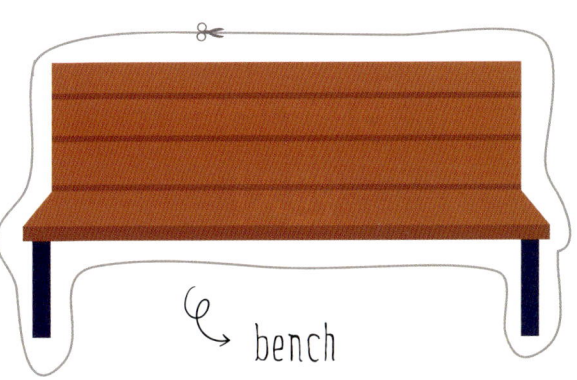
bench

fish

five ducks
오리 다섯 마리

bench
벤치

ants
개미들

fish
물고기

Unit 07. Let's Play Doctor.

병원 놀이해요.

놀이 재료 준비

병원 놀이 도구 만들기

1. 머리 반사경(head mirror)은 반사경과 머리 밴드를 모두 오려서 길게 이어 붙입니다. 그다음 아이의 머리 둘레에 맞게 길이를 조정하고 풀이나 테이프로 고정합니다.
2. 청진기(stethoscope)는 선을 따라 오린 뒤 직접 착용할 수 있습니다.
3. 체온계(thermometer), 압설자(tongue depressor), 검이경(otoscope), 주사기(syringe), 약(medicine)은 모두 오린 뒤, 반으로 접어서 사용합니다.

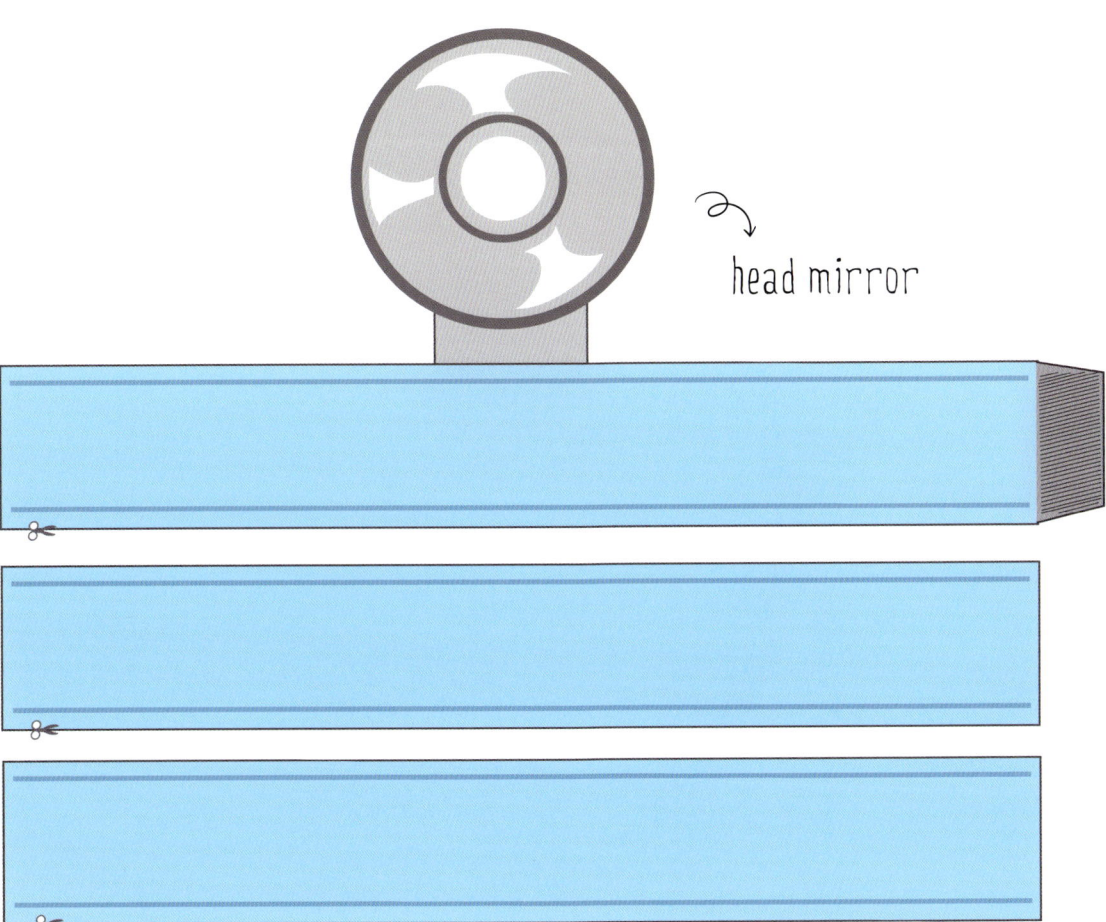

head mirror

★ 길이가 부족하면 사용하세요!

head mirror 머리 반사경

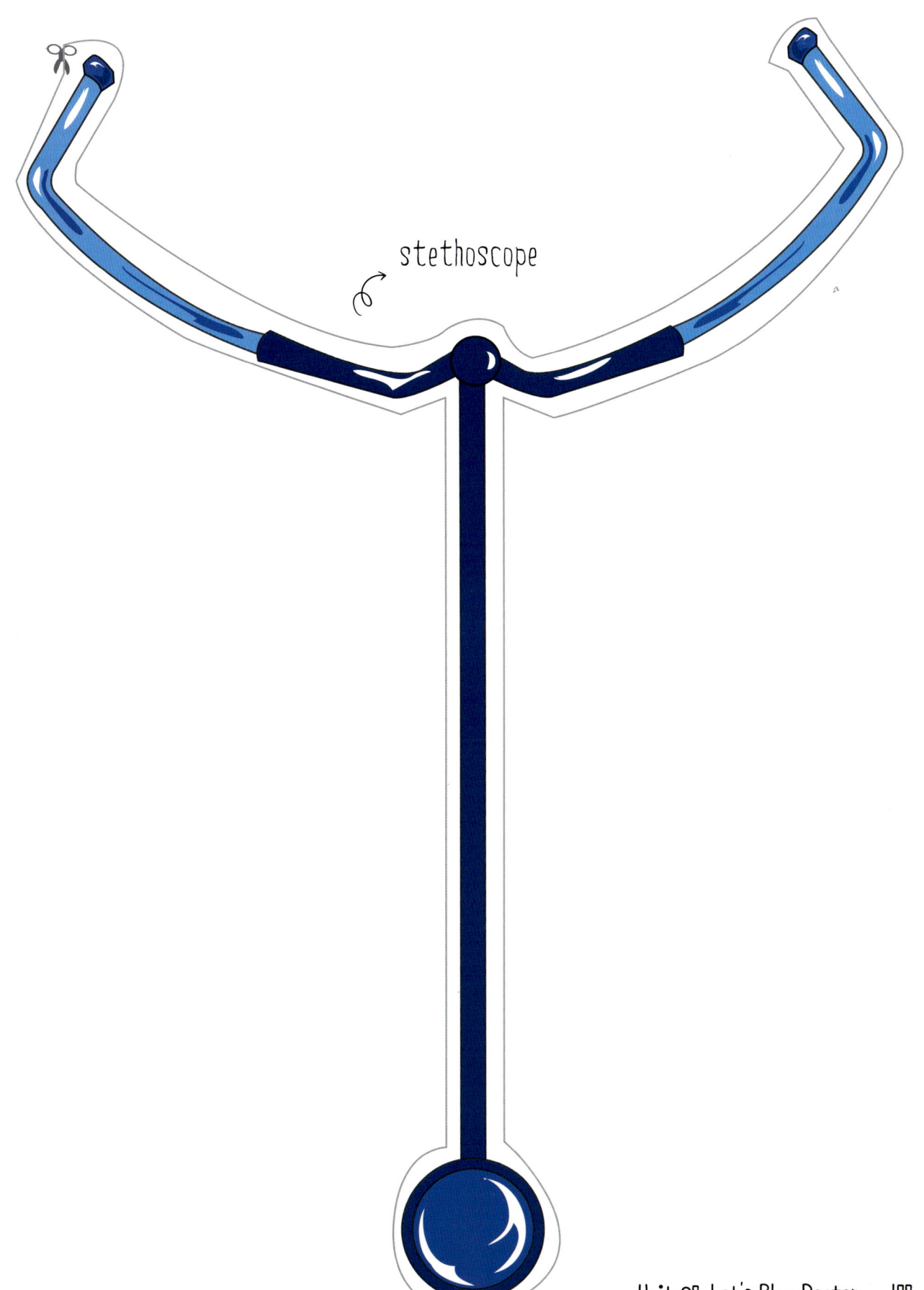

stethoscope 청진기

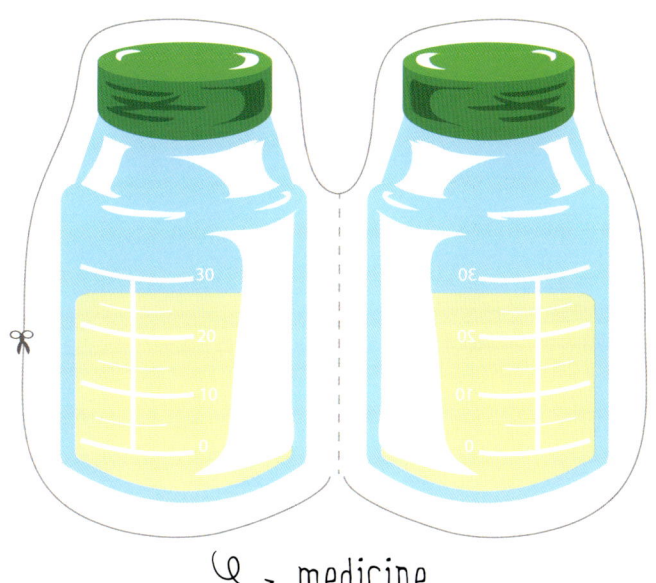
↪ medicine

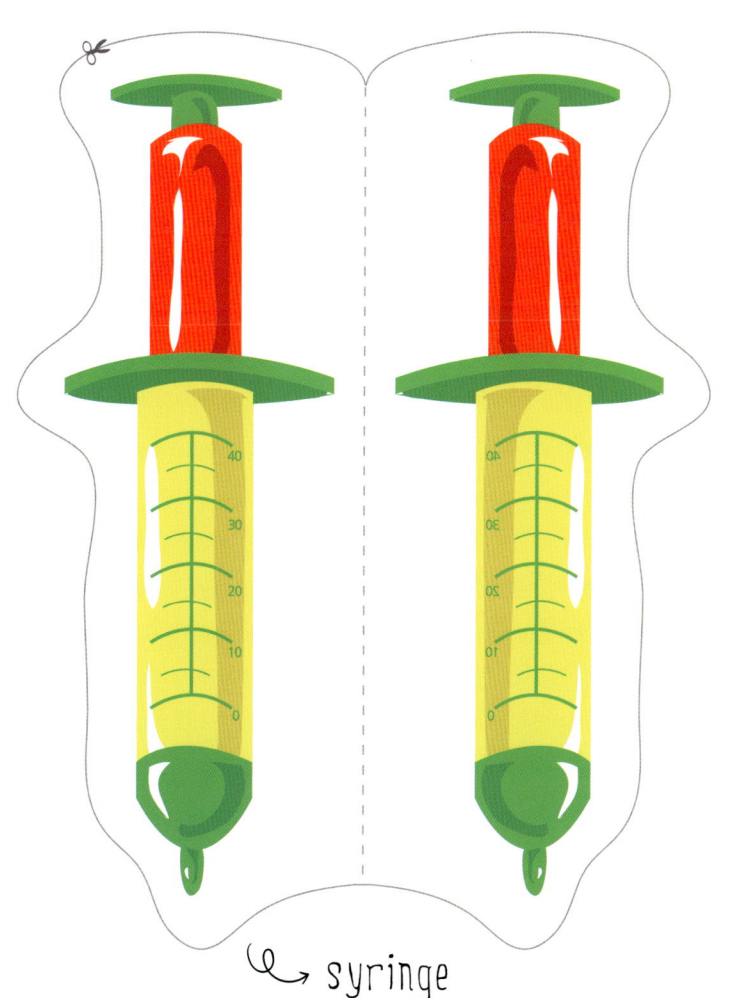
↪ syringe

Unit 07. Let's Play Doctor.

medicine 약

syringe 주사기

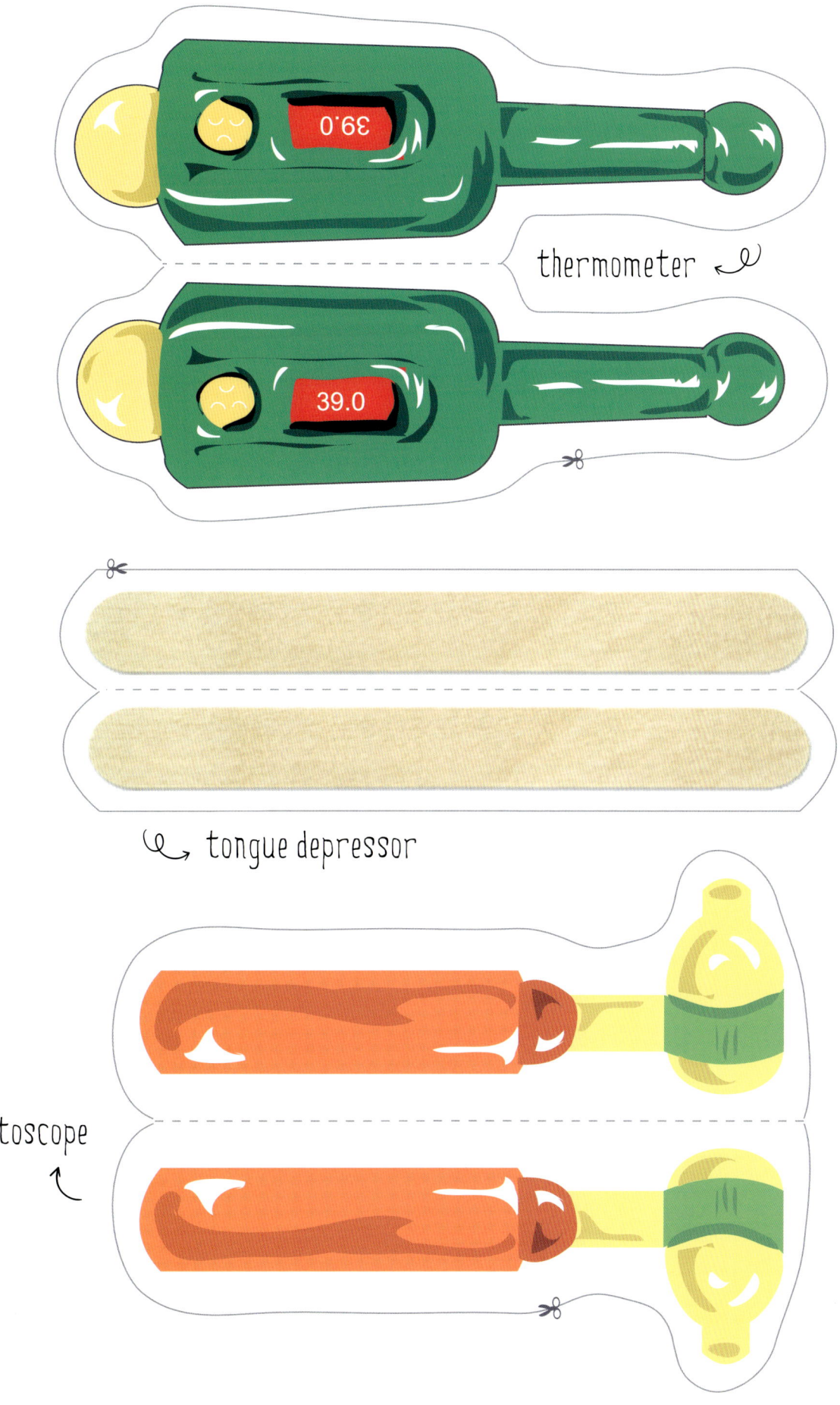

thermometer
체온계

tongue depressor
압설자

otoscope
검이경

Unit 08 > I Love Cars!

내 사랑, 자동차!

놀이 재료 준비

자동차 놀이
1. 버스, 기차, 택시, 소방차, 구급차, 경찰차를 모두 오립니다.
2. 자동차의 대칭을 이루고 있는 부분을 반으로 접습니다.
3. 자동차를 굴리면서 각각의 차에서 나는 소리를 흉내 냅니다.

↪ fire truck

fire truck
소방차

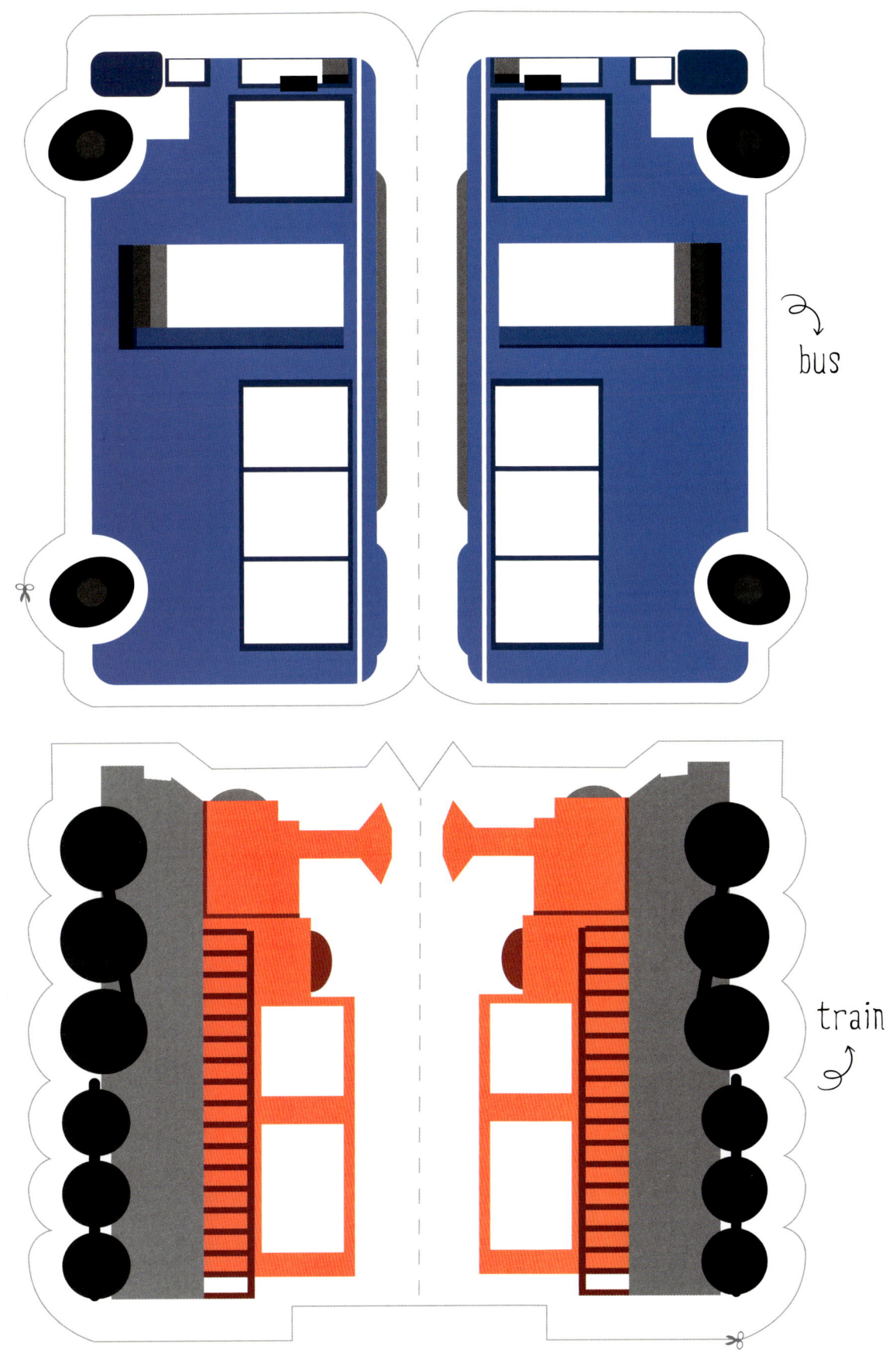

bus

train

police car
경찰차

taxi
택시

ambulance
구급차

Unit 09. Peekaboo!

까꿍!

놀이 재료 준비

아기 돌보기
1. 놀이 재료를 모두 오립니다.
2. 아기 인형에게 옷을 입혀주고 우유를 먹입니다.
3. 기저귀를 갈아주고 포대기를 이용해 어부바 해줍니다.
4. 아기 인형을 욕조에 넣고 목욕을 시킵니다.

baby doll

**baby
doll**
아기 인형

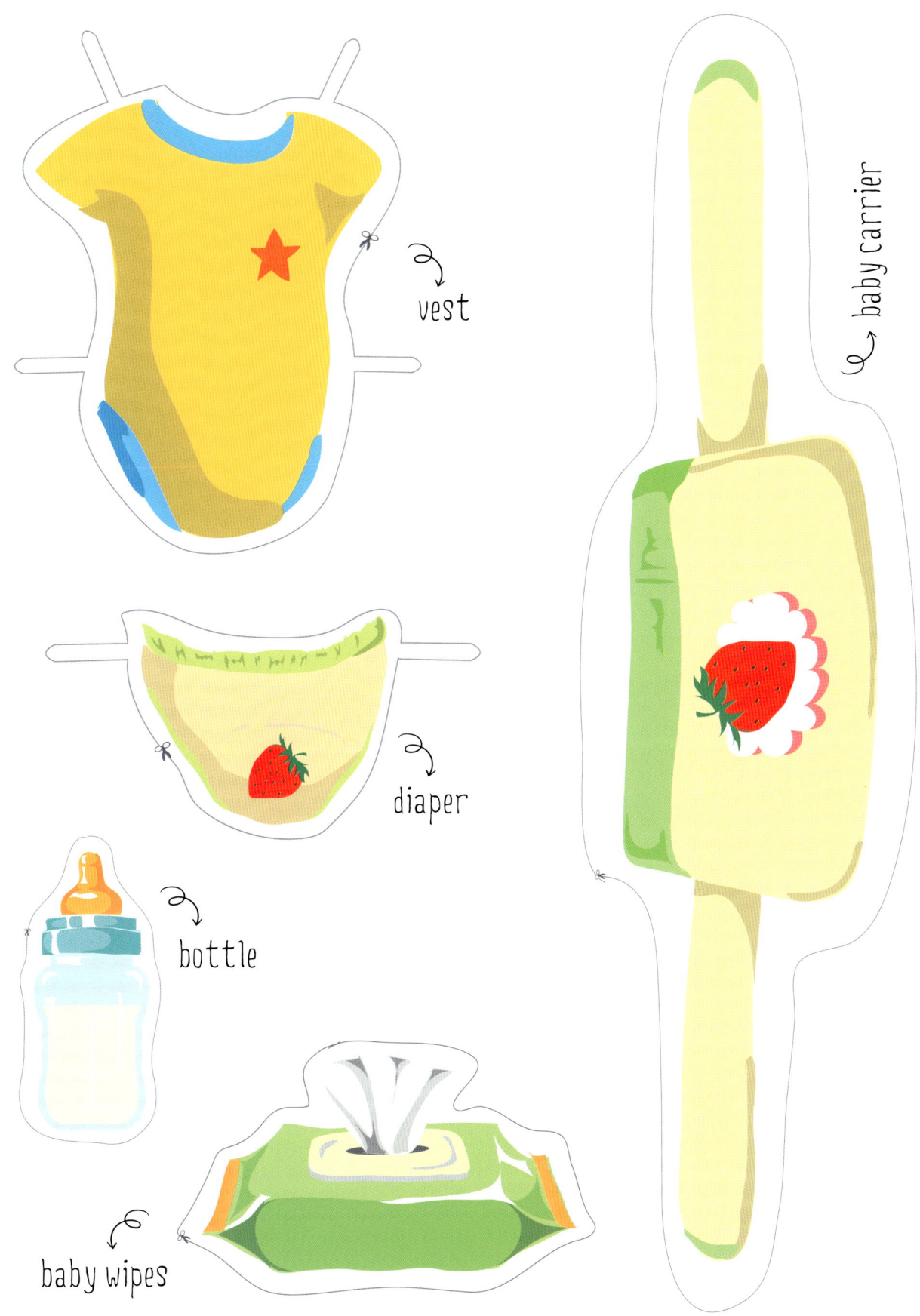

vest

diaper

bottle

baby wipes

baby carrier

Unit 09. Peekaboo!

vest
아기 옷

baby carrier
포대기

diaper
기저귀

bottle
젖병

baby wipes
물티슈

bathtub
욕조

wash cloth
거품 타올

body wash
물비누

Unit 10 > Happy Halloween

즐거운 핼러윈

놀이 재료 준비

핼러윈 가면 만들기
1. 마음에 드는 가면을 골라 선을 따라 오립니다.
2. 가면에 눈으로 표시된 부분을 오려내 구멍 2개를 만듭니다.
3. 얼굴 양쪽 끝에 구멍이나 칼집을 내서 고무줄을 끼웁니다.
4. 완성된 가면을 직접 씁니다.

witch

witch
마녀

ghost

Unit 10. Happy Halloween 197

ghost
유령

핼러윈 방 꾸미기

Step 1. 스케치하고 색칠하기
1. 왼쪽 칸에는 핼러윈과 관련된 사물을 단순하게 그린 그림이 있습니다.
2. 오른쪽 칸에 이 그림을 따라 그려주세요.
3. 그림을 모두 완성했으면 크레파스나 색연필로 색칠합니다.

Step 2. 완성된 그림 오려 붙이기
1. 색칠한 그림을 모두 오립니다.
2. 그림을 방안 곳곳에 붙여서 핼러윈 분위기를 연출합니다.

jack-o'-lantern

ghost

jack-o'-lantern
잭오랜턴

ghost
유령

witch

spider

bat

witch 마녀

spider 거미

bat 박쥐

Unit 11. I Want to Be a Princess.

공주가 되고 싶어요.

놀이 재료 준비

공주 왕관 & 반지 만들기

① 왕관과 반지를 원하는 색으로 마음껏 색칠합니다.
② 색칠한 왕관과 왕관 띠, 반지를 가위로 자릅니다.
③ 보석을 오려 붙여 왕관과 반지를 더 예쁘게 꾸밉니다.
④ 머리와 손가락 둘레에 맞게 길이를 조정한 뒤 착용합니다.

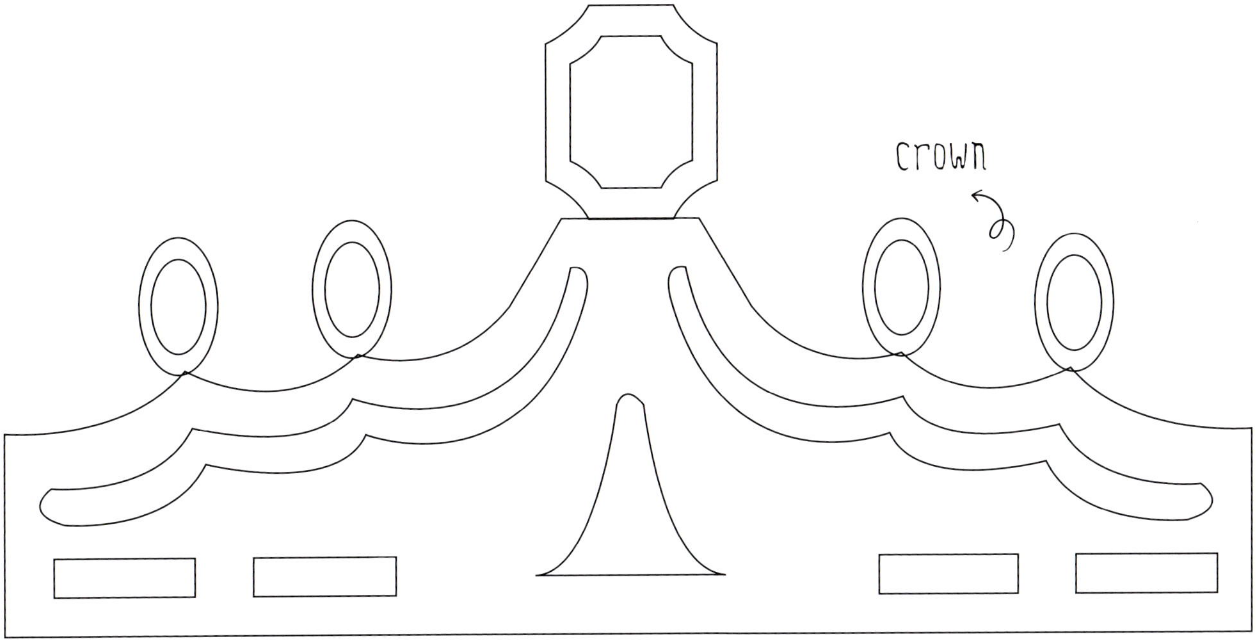

crown

crown
왕관

★ 왕관 길이가 부족하면 사용하세요!

ring 반지

ring 반지

ring 반지

Unit 12. Vincent van Gogh

빈센트 반 고흐

놀이 재료 준비

아코디언북 만들기

1. 아코디언북 틀을 모두 잘라서 길게 이어 붙입니다.
2. 접는 선을 따라서 한 번은 안으로, 한 번은 밖으로 접습니다.
3. 고흐의 그림을 잘라서 '그림 붙이는 곳'에 하나씩 붙입니다.
4. 책 앞표지와 뒤표지를 자유롭게 꾸밉니다.

Self-Portrait with Bandaged Ear.
1889. 귀에 붕대를 감은 자화상

Vase with Twelve Sunflowers. 1888.
꽃병에 든 열두 송이의 해바라기

Vase with Twelve Sunflowers
꽃병에 든 열두 송이의 해바라기

Self-Portrait with Bandaged Ear
귀에 붕대를 감은 자화상

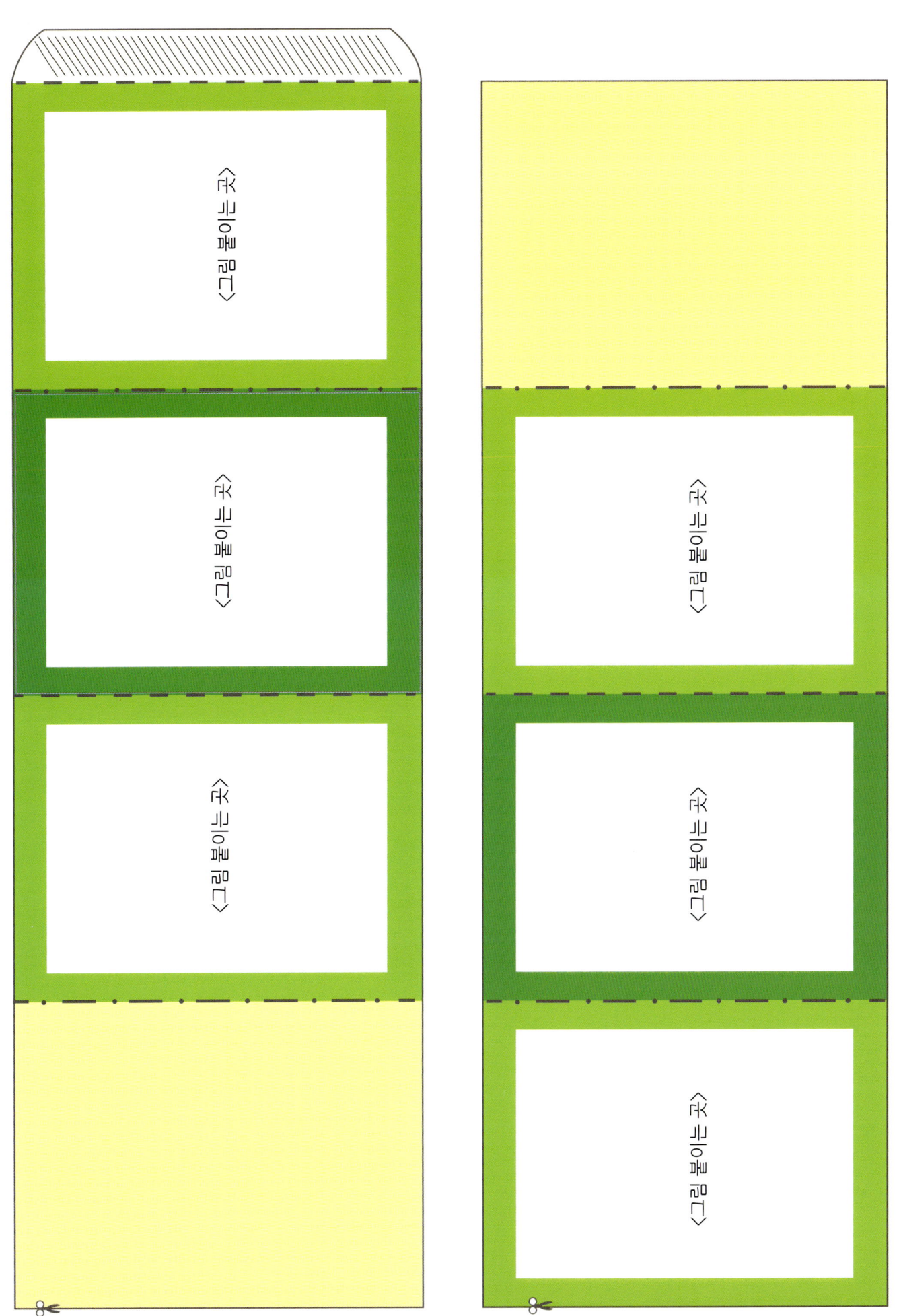

book
책

The Yellow House. 1888.
노란 집

The Bedroom. 1888.
고흐의 방

First Steps. 1890.
첫걸음

The Starry Night. 1889.
별이 빛나는 밤

The Bedroom
고흐의 방

The Yellow House
노란 집

The Starry Night
별이 빛나는 밤

First Steps
첫걸음

Unit 13. Happy Birthday, Daddy!

아빠, 생일 축하해요!

놀이 재료 준비

식빵 케이크 만들기

★ 재료 : 식빵, 생크림, 바나나, 키위, 딸기

★ 요리 팁 : 1) 아이들의 안전을 위해 플라스틱 칼을 사용하세요.
　　　　　　2) 빵집에 가면 만들어진 생크림을 구입할 수 있고, 집에서 만들어도 좋습니다.
　　　　　　3) 과일은 계절에 따라 편하게 구입할 수 있는 것으로 준비해주세요.

❶ 과일은 씻어서 얇게 썰어두고, 식빵은 끝을 잘라냅니다.
❷ 접시 위에 식빵을 놓고 생크림을 바릅니다.
❸ 생크림을 바른 식빵에 잘라둔 과일을 올립니다.
❹ 2~3 과정을 두세 번 반복해서 케이크 모양이 나도록 높이 쌓아 올립니다.
❺ 케이크 윗면과 옆면에 생크림을 바르고, 케이크 위에 과일 장식을 올려서 마무리합니다.

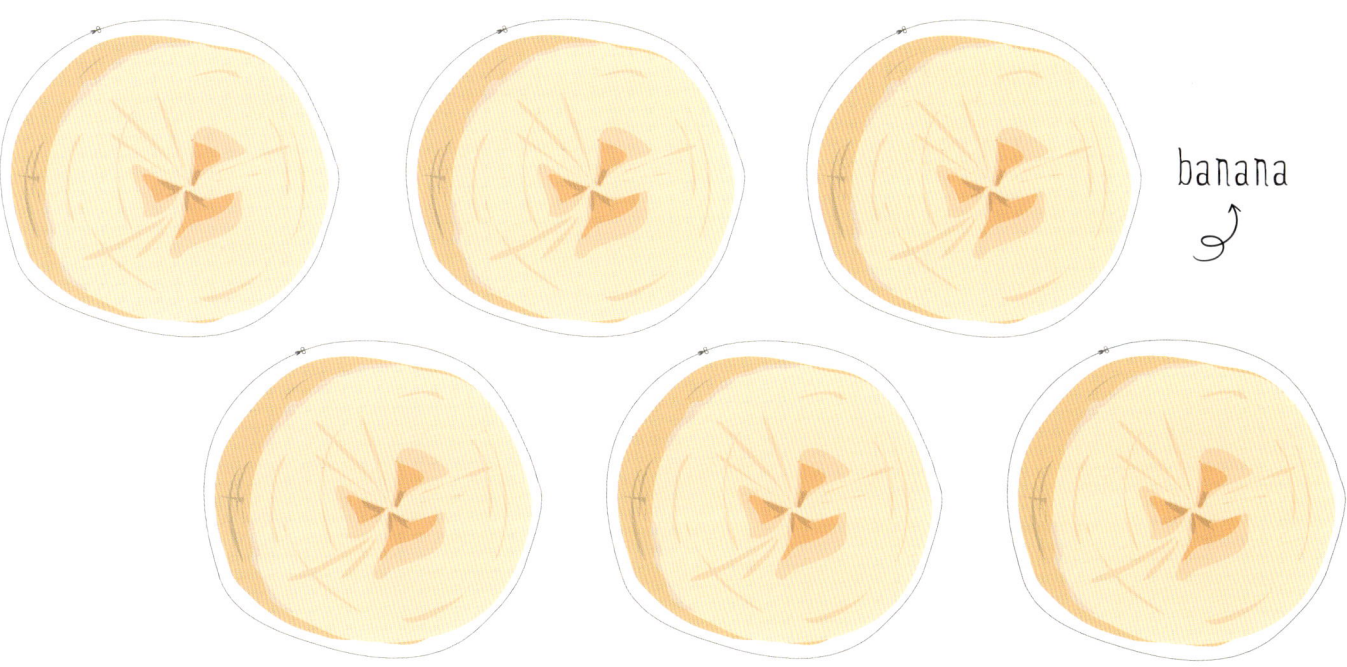

banana

banana
바나나

banana
바나나

banana
바나나

banana
바나나

banana
바나나

banana
바나나

kiwi
키위

kiwi
키위

sandwich bread
식빵

kiwi
키위

kiwi
키위

kiwi
키위

sandwich bread
식빵

kiwi
키위

strawberry
딸기

strawberry
딸기

sandwich bread
식빵

strawberry
딸기

strawberry
딸기

strawberry
딸기

sandwich bread
식빵

strawberry
딸기

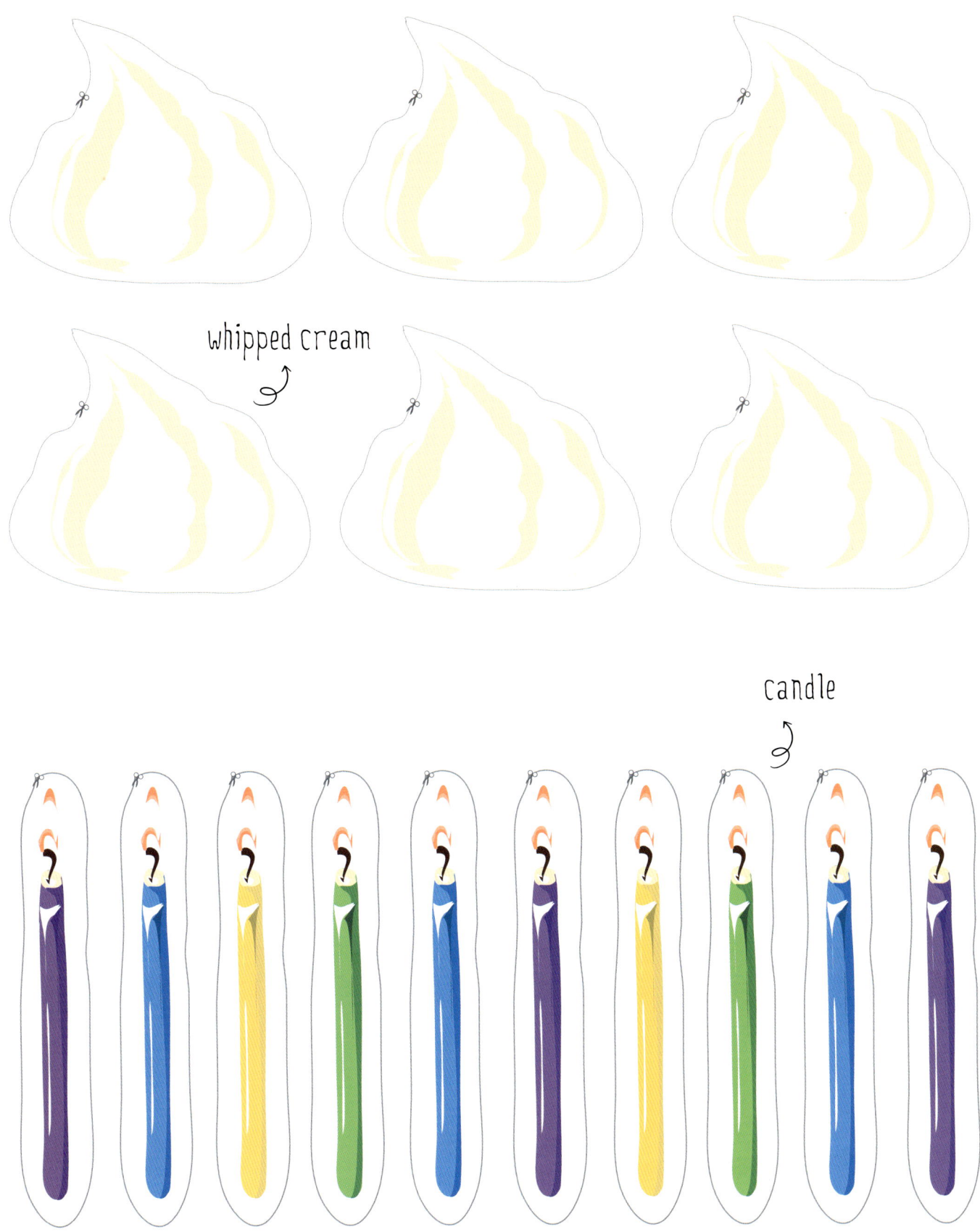

whipped cream 생크림

whipped cream 생크림

whipped cream 생크림

whipped cream 생크림

whipped cream 생크림

whipped cream 생크림

candle 양초
candle 양초
candle 양초
candle 양초
candle 양초
candle 양초
candle 양초
candle 양초
candle 양초
candle 양초

Unit 14. Yummy Rice Balls

맛있는 주먹밥

놀이 재료 준비

주먹밥 만들기

★ 재료 : 밥 한 공기, 채소(양파, 당근, 버섯, 파프리카) 약간, 갈은 소고기 약간, 참기름과 소금 약간
★ 요리 팁 : 1) 채소는 제시된 것 외에 집에 있는 재료를 활용해도 좋습니다.
　　　　　　2) 소고기 대신 닭고기나 돼지고기를 사용해도 좋습니다.

1. 양파와 당근은 씻어서 껍질을 벗기고, 파프리카와 버섯은 물에 담가둡니다.
2. 소고기는 소금으로 밑간을 해두고, 채소는 잘게 다집니다.
3. 채소와 소고기를 프라이팬에 볶습니다.
4. 큰 그릇에 밥 한 공기와 볶은 채소와 소고기를 넣고 섞어줍니다.
5. 필요한 경우 참기름이나 소금을 약간 넣습니다.
6. 밥을 뭉쳐서 주먹밥을 만듭니다.

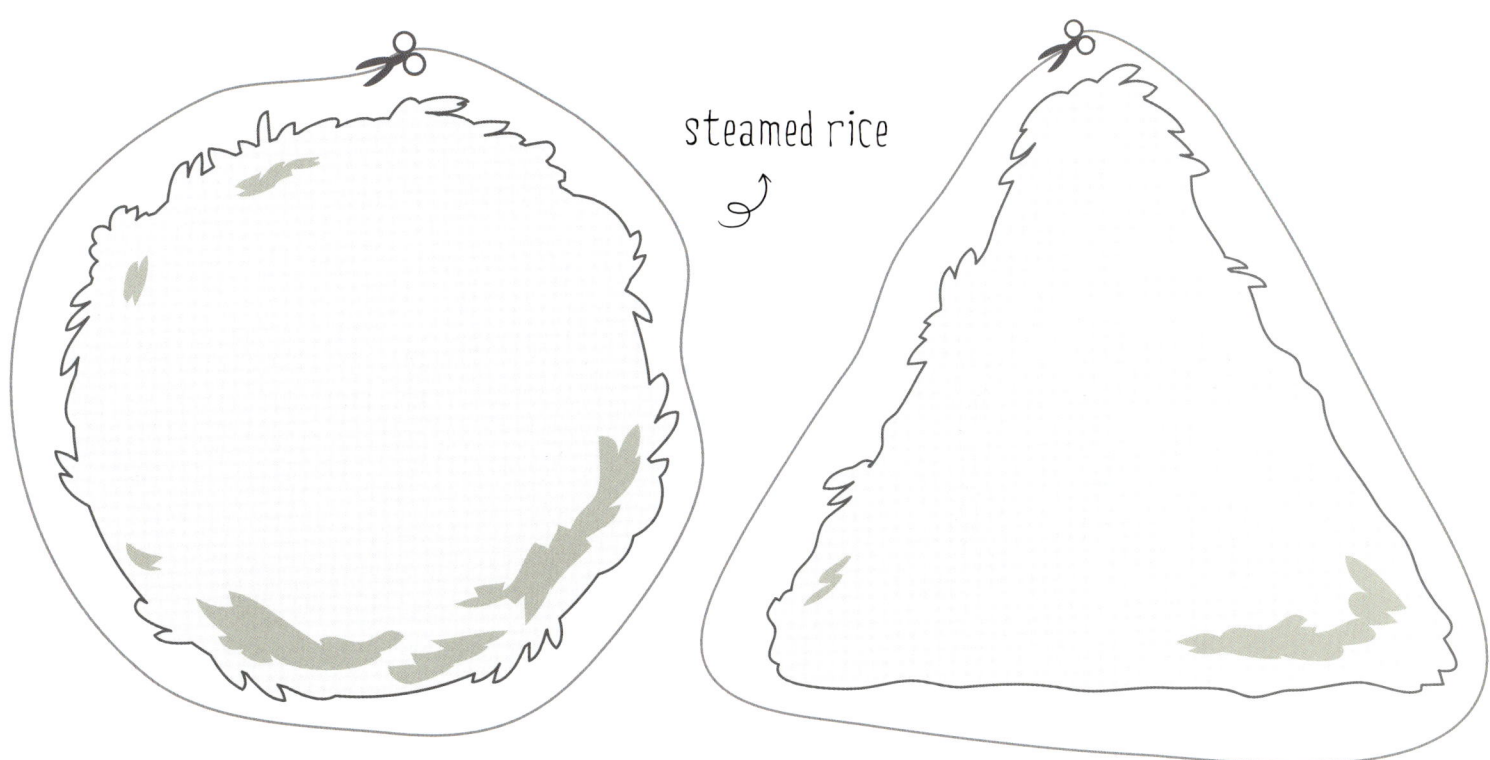

steamed rice

steamed rice
밥

steamed rice
밥

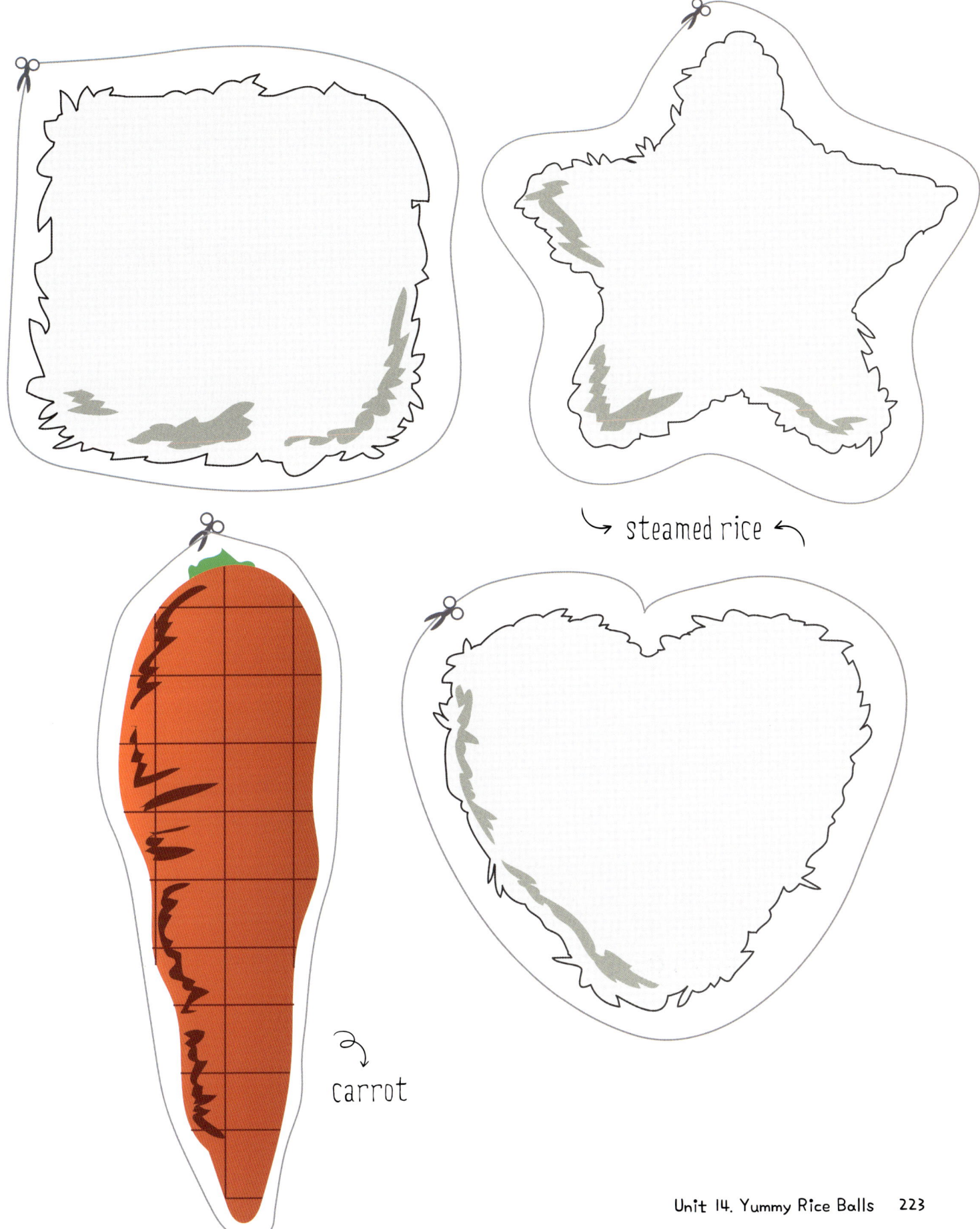

| **steamed rice** | **steamed rice** |
| 밥 | 밥 |

| **steamed rice** | **carrot** |
| 밥 | 당근 |

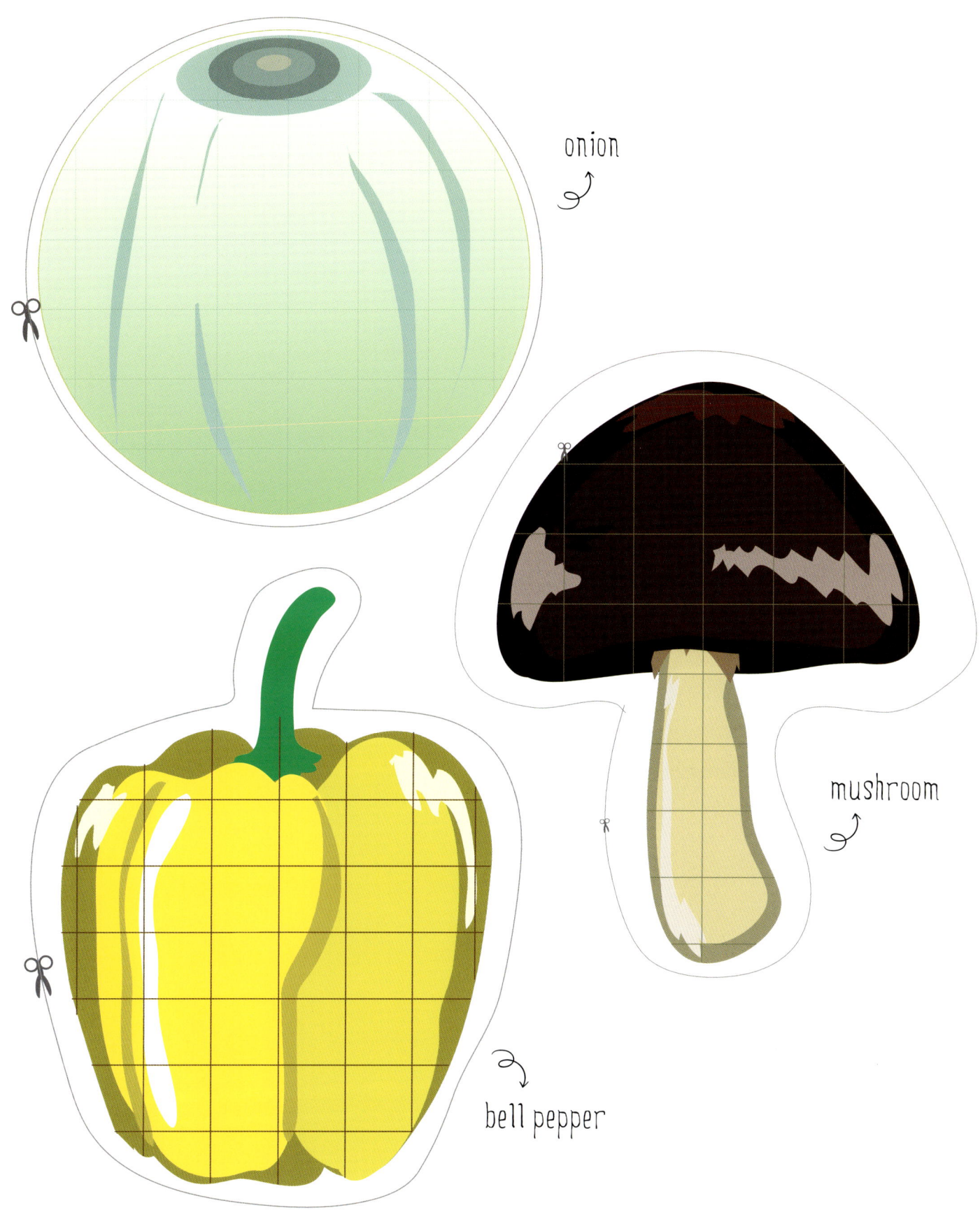

onion
양파

mushroom
버섯

bell pepper
파프리카

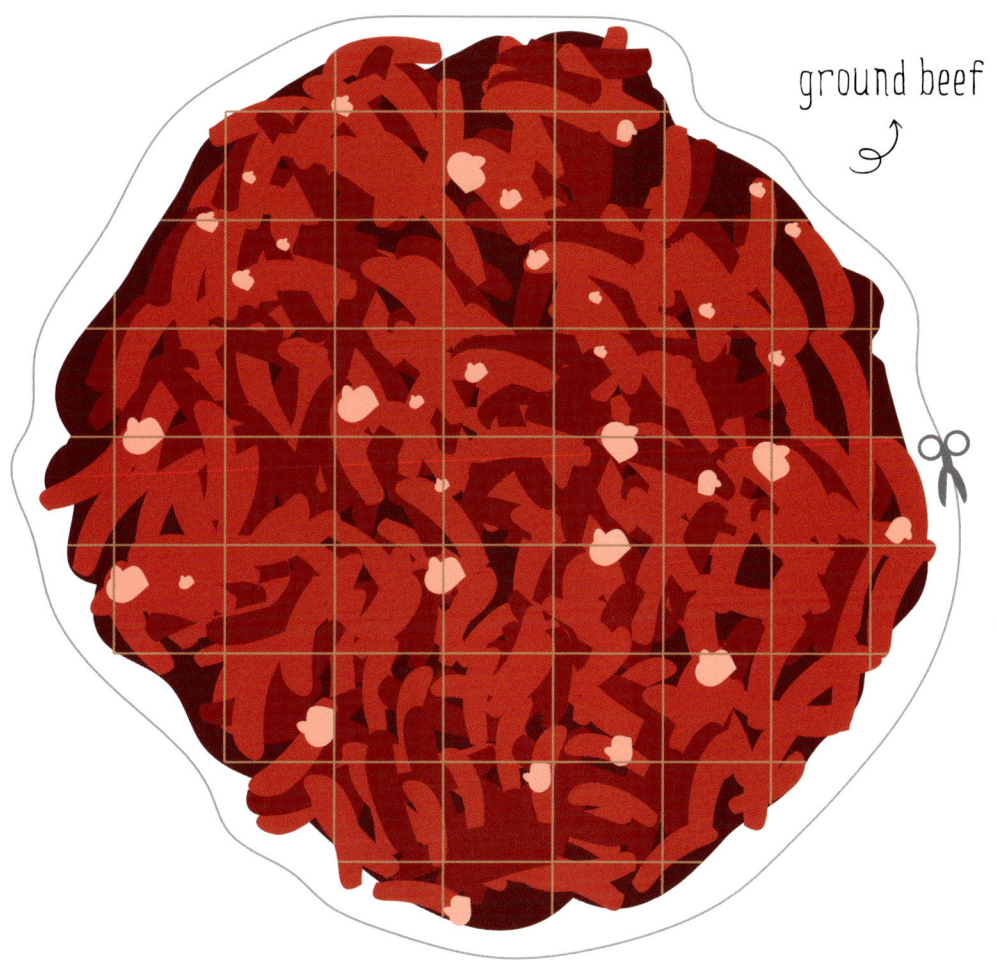

ground beef

놀이 재료 활용 팁!

★ 채소와 소고기는 칼로 다지듯이 가위로 잘게 잘라주세요.
★ 밥 위에 잘게 자른 채소와 소고기를 붙여서 주먹밥을 만들어보세요.
★ 다른 색이 필요한 경우 집에 있는 색종이를 잘라서 활용하세요.

ground beef
갈은 소고기

Unit 15 Homemade Lemonade

집에서 만든 레모네이드

놀이 재료 준비

레모네이드 만들기

★ 재료 : 레몬 1개, 물 (종이컵으로 한 컵), 설탕 시럽 약간, 얼음

★ 요리 팁 : 설탕을 녹여서 시럽을 직접 만들어도 좋고, 시중에 파는 올리고당을 사용해도 좋습니다.

1. 레몬을 깨끗하게 씻어서 반으로 자릅니다.
2. 넓은 컵이나 그릇에 레몬즙을 짭니다.
3. 레몬 씨를 제거합니다.
4. 레몬즙에 물을 섞습니다.
5. 설탕 시럽과 얼음을 넣고 잘 저어줍니다.

cup

lemon

lemon
레몬

cup
컵

sugar syrup
설탕 시럽

water
물

ice cube
얼음 조각

ice cube
얼음 조각

spoon
숟가락

ice cube
얼음 조각

ice cube
얼음 조각

Unit 16. From Caterpillar to Butterfly

애벌레에서 나비로

놀이 재료 준비

나비의 성장 과정
1. 놀이 재료를 모두 오립니다.
2. 아이와 함께 나비의 성장 과정에 대해 이야기합니다.
3. '나비의 성장' 판에 각 단계에 해당하는 놀이 재료(egg, caterpillar, chrysalis, butterfly)를 붙입니다.

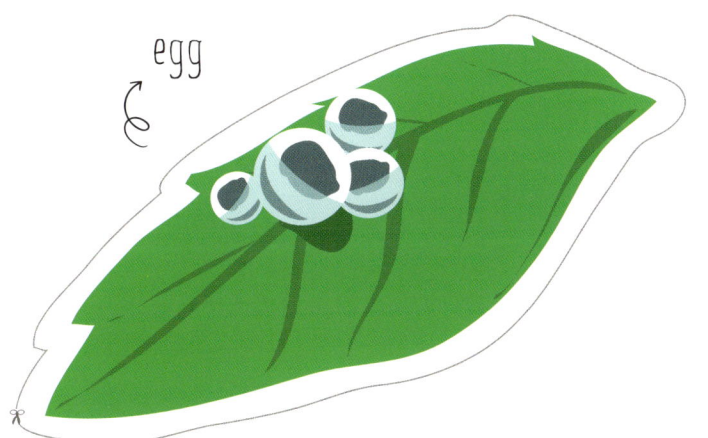
egg

butterfly

chrysalis

caterpillar

butterfly
나비

egg
알

caterpillar
애벌레

chrysalis
번데기

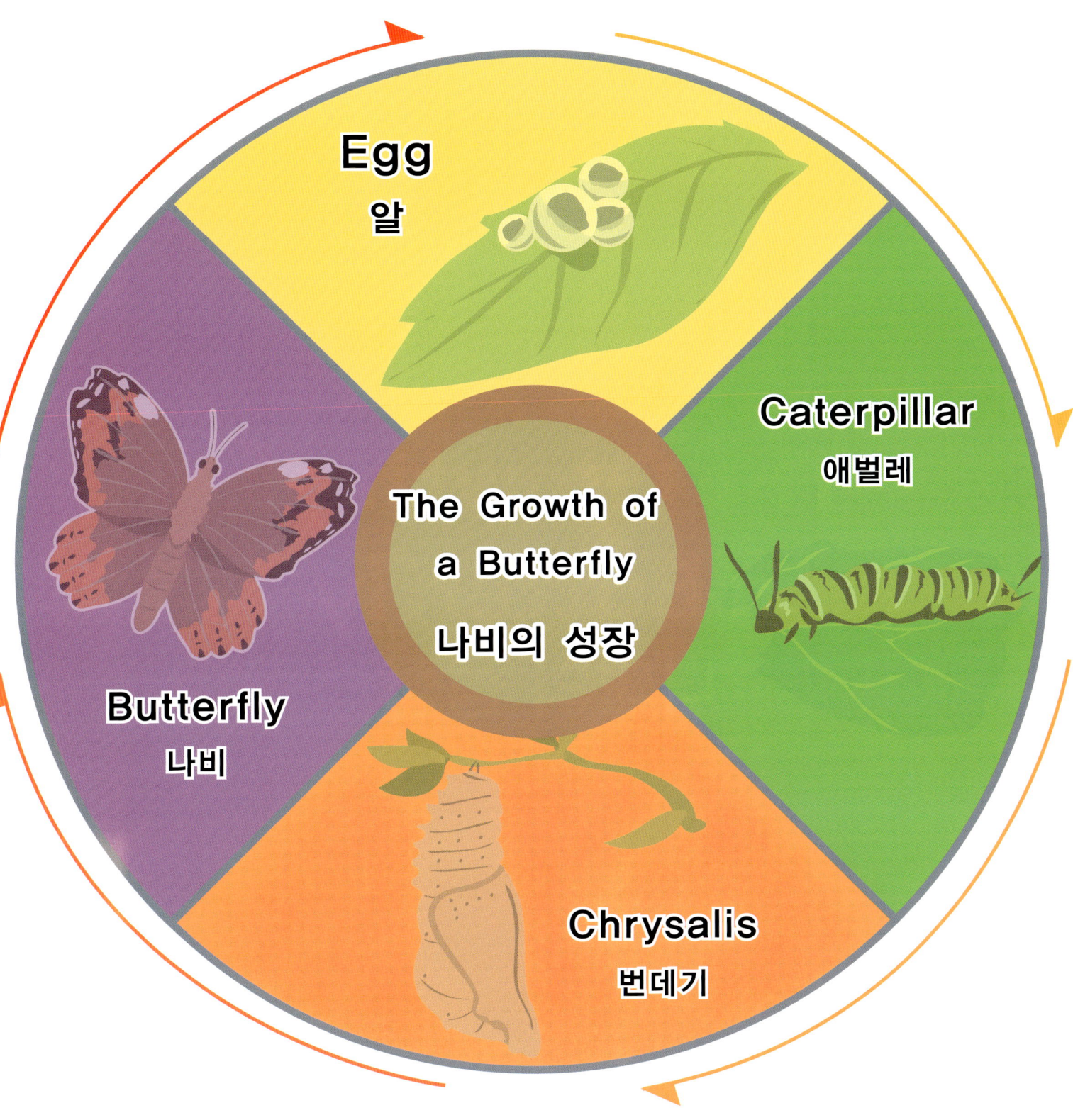

The Growth of a Butterfly
나비의 성장

Unit 17. The Moon

달

놀이 재료 준비 1

반짝반짝 밤하늘 꾸미기

1. 달을 모두 잘라서 모양에 맞게 밤하늘 꾸미기 판에 붙입니다. (달의 위상 표를 참고해주세요.)
2. 별을 잘라서 반짝반짝 밤하늘을 예쁘게 꾸밉니다.
3. 추가로 그림을 그려 넣거나 종이를 붙여서 내가 상상하는 밤하늘을 더 풍성하게 꾸밉니다.

Tips!

1. 달은 지구 주위를 도는 위성입니다. 달은 밤에 밝아 보이는데, 스스로 빛을 내는 것이 아니라 햇빛을 받아서 반사하는 것입니다. 어떤 날은 달이 작고 가늘게, 또 어떤 날은 크고 둥글게, 또 어떤 날은 전혀 보이지 않는 것은 달이 지구를 돌면서 햇빛을 받는 각도가 달라지기 때문입니다.
2. 달에 대해 더 알고 싶다면 *So That's How the Moon Changes Shape!*, *The Moon Seems to Change*, *What the Moon Is Like* 등의 책을 참고해주세요.

The Phases of the Moon
달의 위상

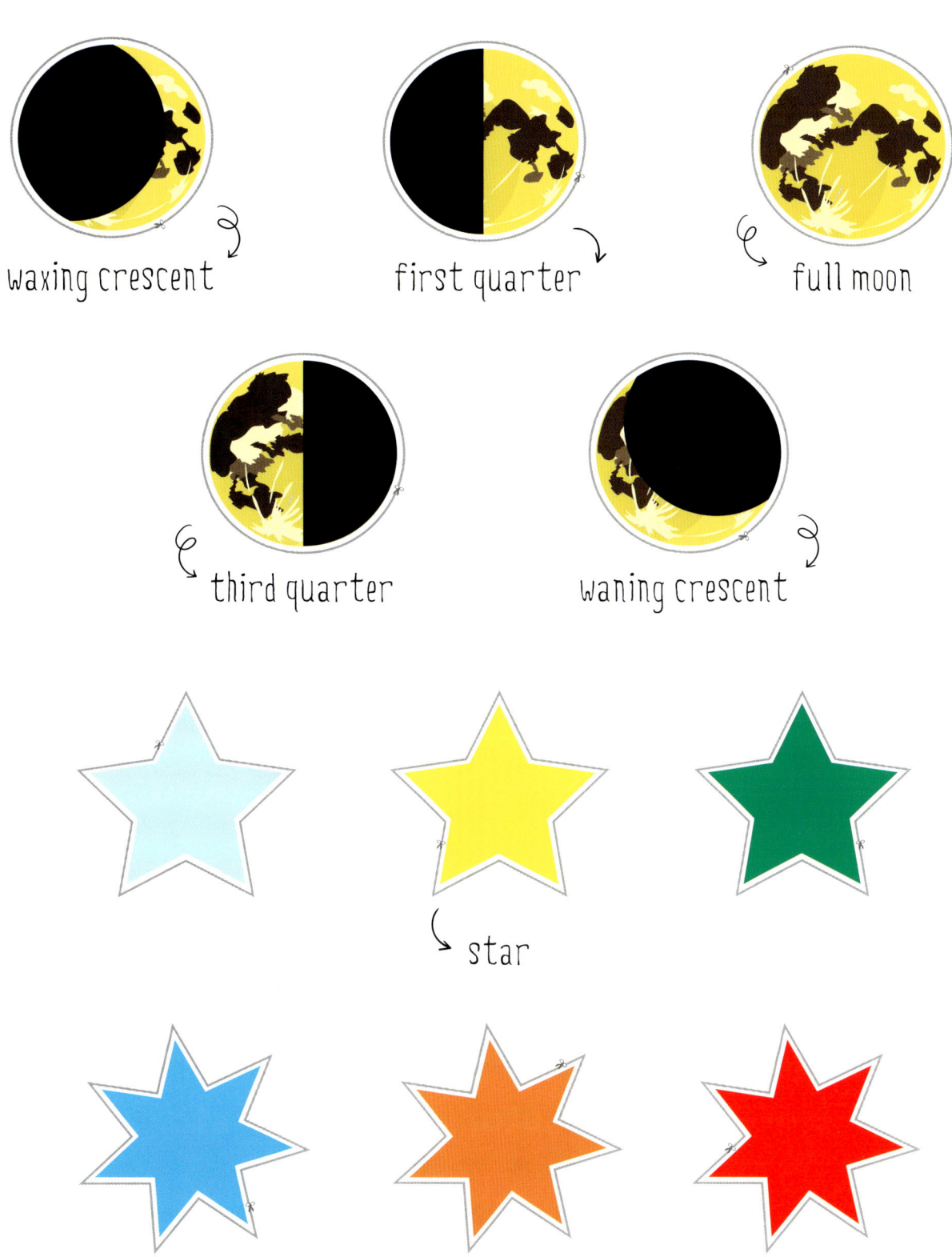

full moon
보름달

first quarter
상현달

waxing crescent
초승달

waning crescent
그믐달

third quarter
하현달

star
별

star
별

star
별

star
별

star
별

star
별

달 관찰 일지 작성하기
1. 달의 모양(lunar shape) 변화에 맞게 달을 직접 색칠합니다.
2. 관찰 일지를 가지고 밖으로 나가서 달을 직접 관찰하고, 관찰한 날 달의 모양이 어땠는지 날짜를 기록합니다.
3. 관찰 일지를 완성할 때까지 시간이 오래 걸려도 상관 없으니, 생각날 때마다 가지고 나가서 꾸준히 기록합니다.

A Night Sky
밤하늘

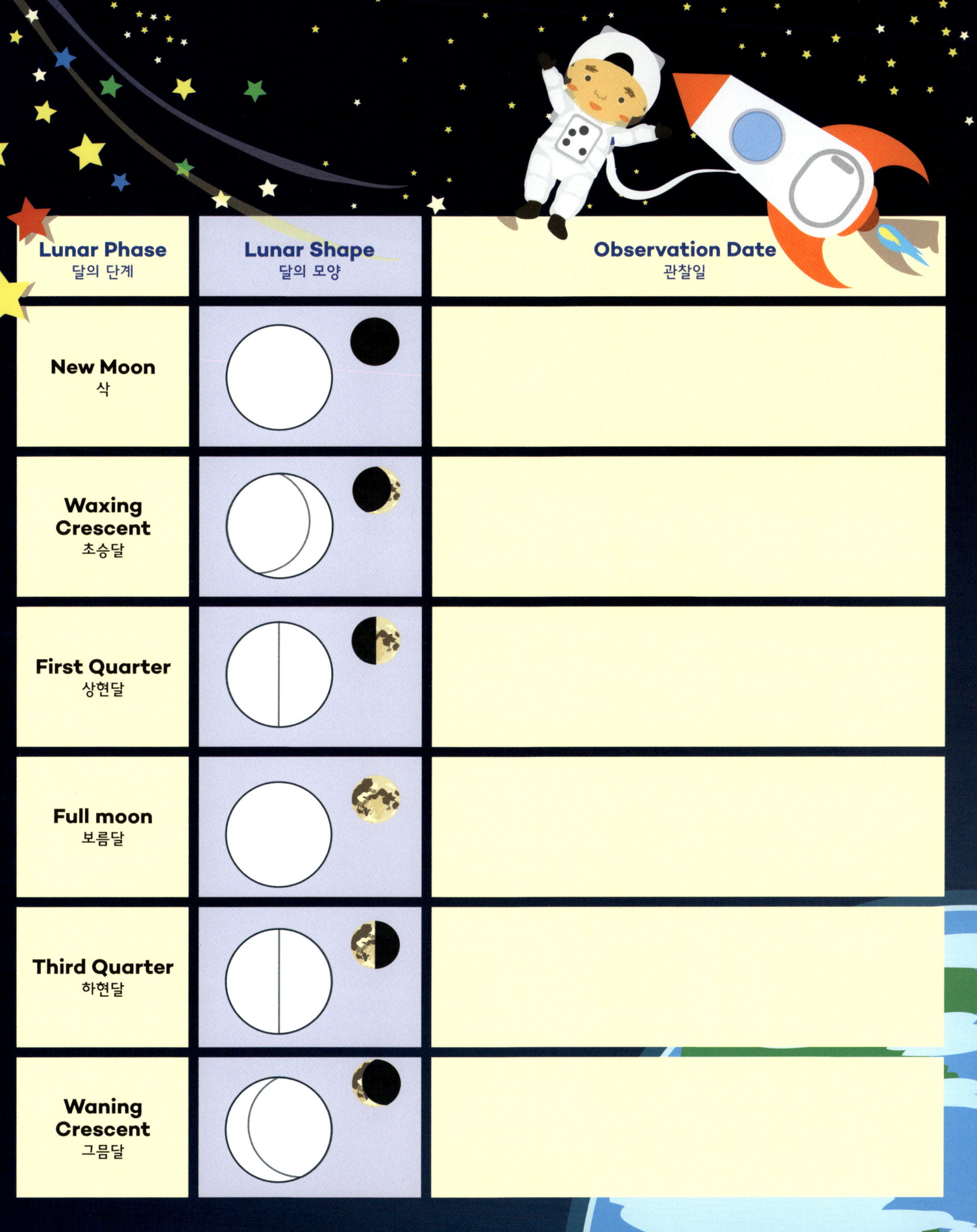

Observation of the Moon
달 관찰

Unit 18. How to Save the Earth

지구를 지키는 방법

놀이 재료 준비

지구 지키기 프로젝트

① 지구 지키기 실천 항목을 4개로 분류했습니다.
② 각각의 항목을 5일 동안 꾸준히 지키기 위해 노력합니다.
③ 성공한 항목에는 웃는 얼굴(smiley face)을, 실패한 항목에는 찡그린 얼굴(frowny face)을 붙입니다.
④ 프로젝트를 마치고 난 뒤에는 잘한 일과 못한 일에 대해 이야기를 나눕니다.

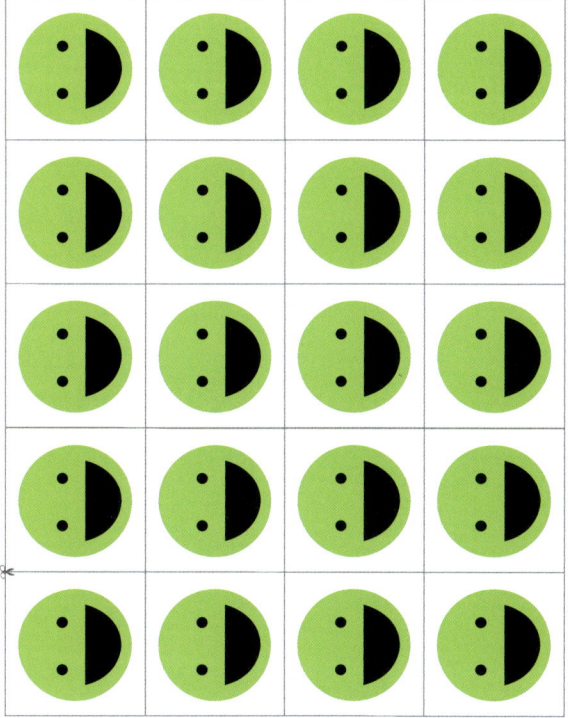

↳ smiley faces

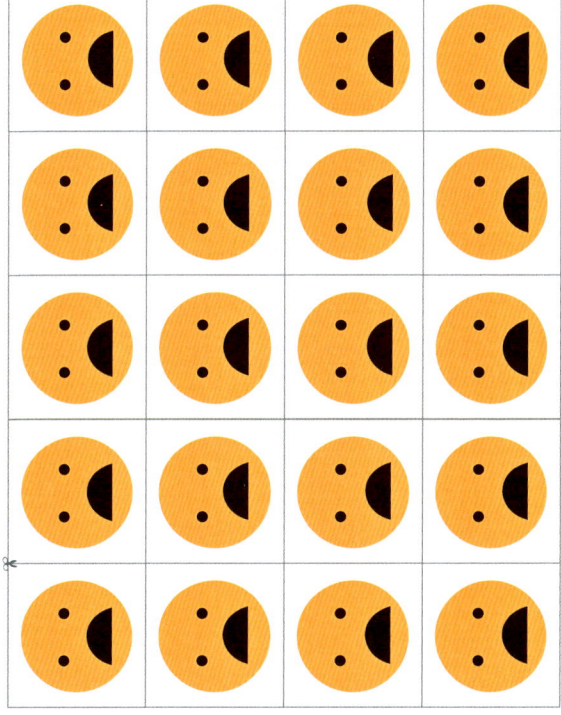

↳ frowny faces

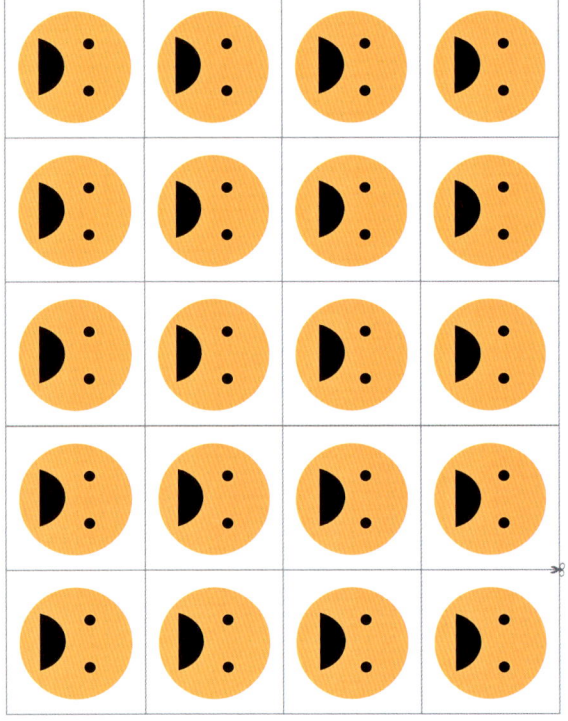 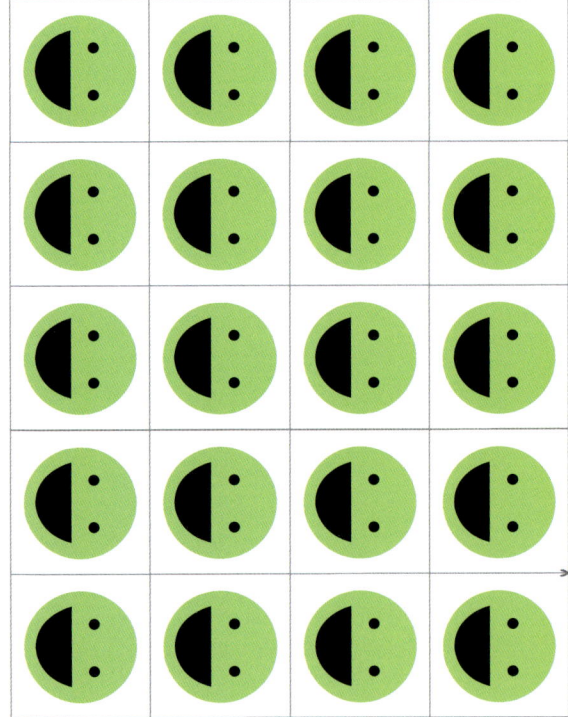

A Five-Day Project to Save the Earth

Missions	Day 1	Day 2	Day 3	Day 4	Day 5
Reduce waste! 쓰레기 줄이기					
Eat everything in your bowl! 밥 싹싹 먹기					
Conserve water! 물 절약					
Conserve energy! 에너지 절약					

A Five-Day Project to Save the Earth
지구 지키기 5일 프로젝트